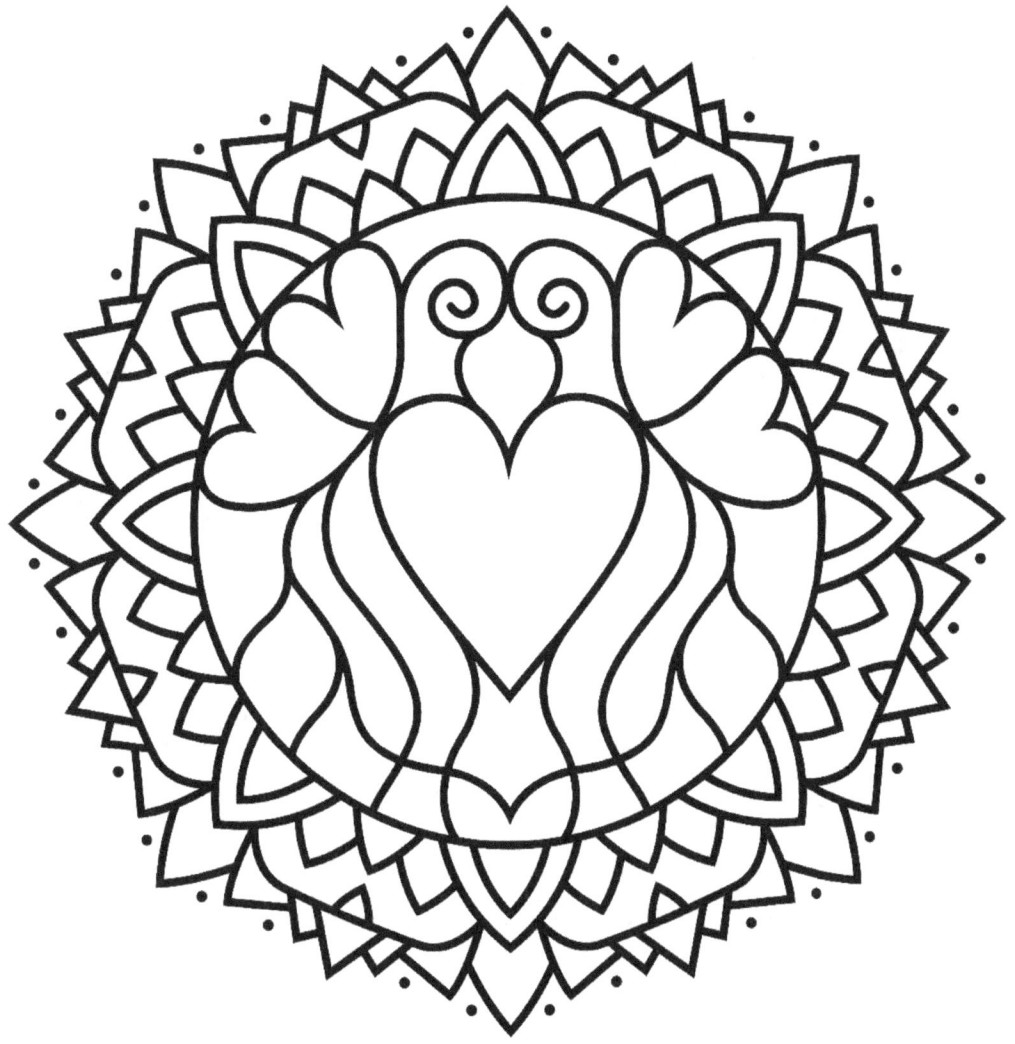

This Book Belongs To

....

....

....

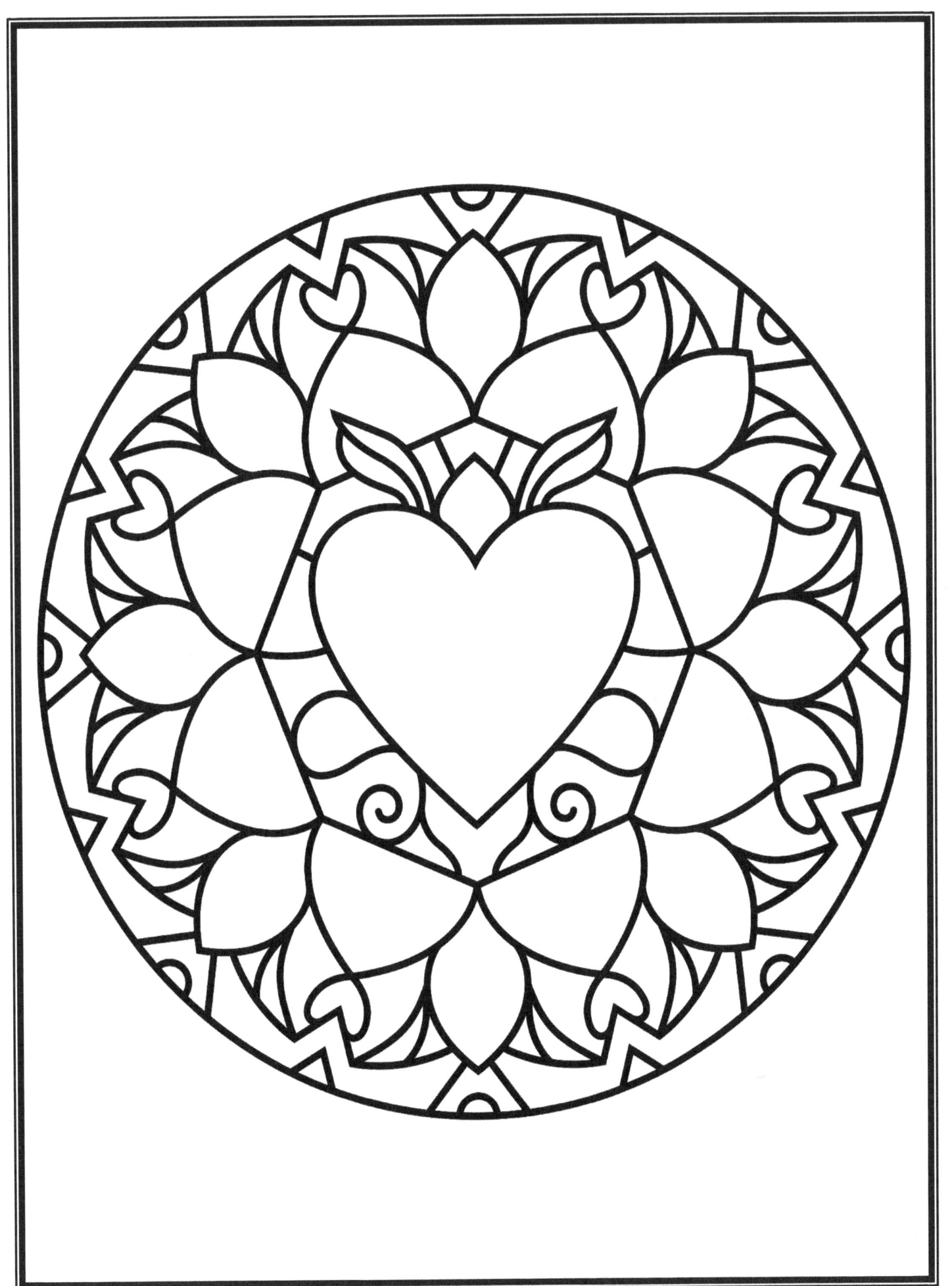

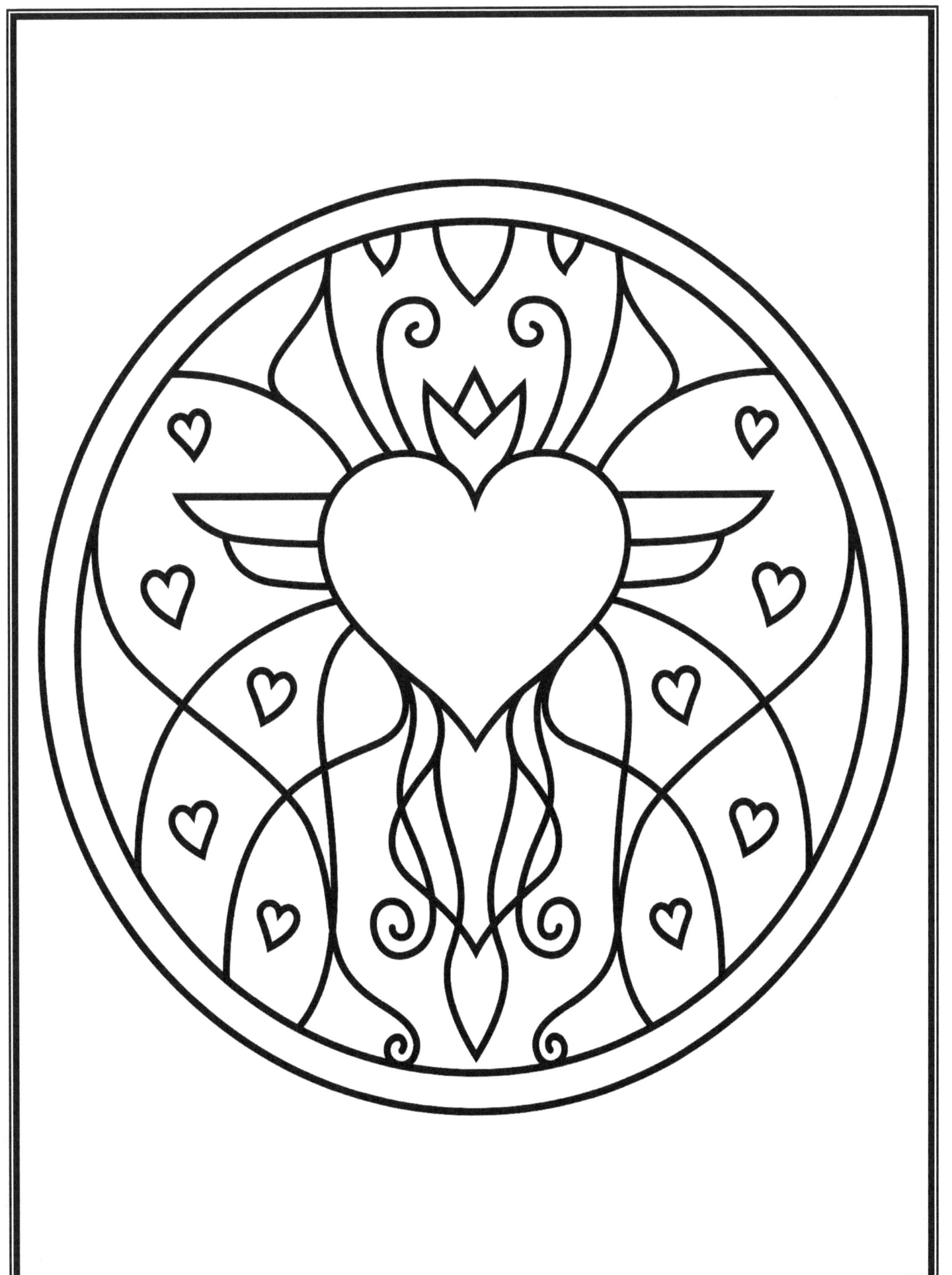

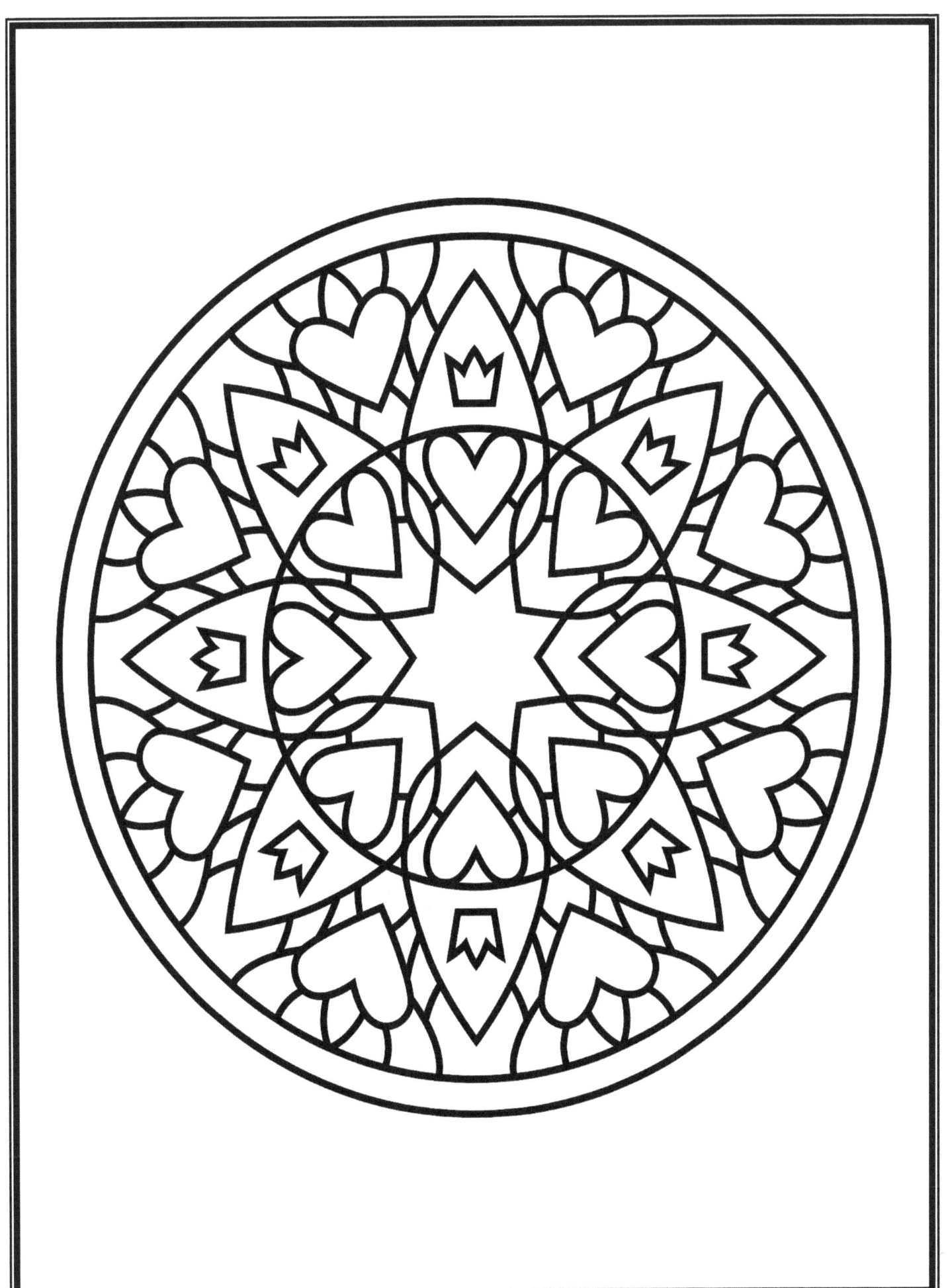

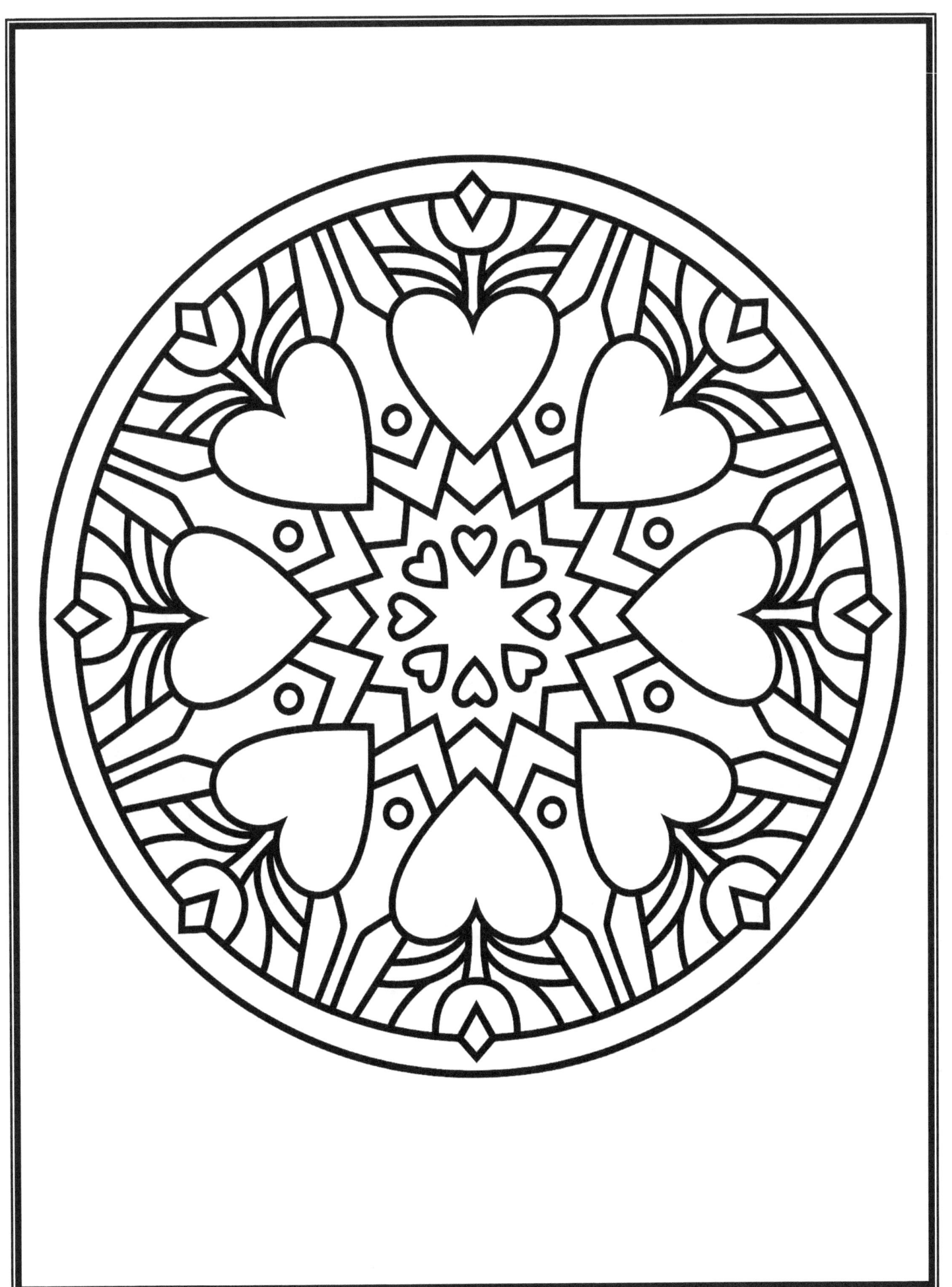

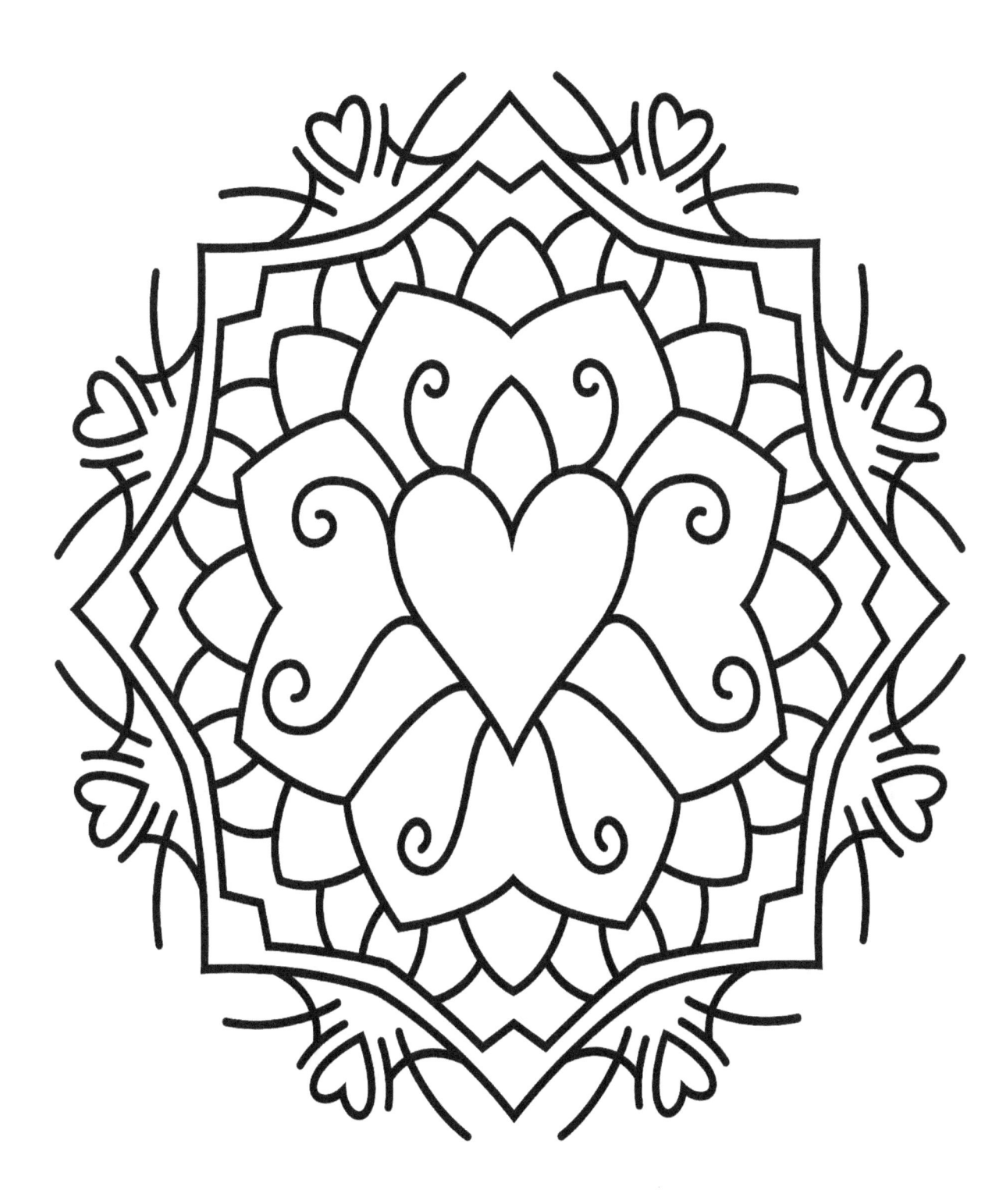

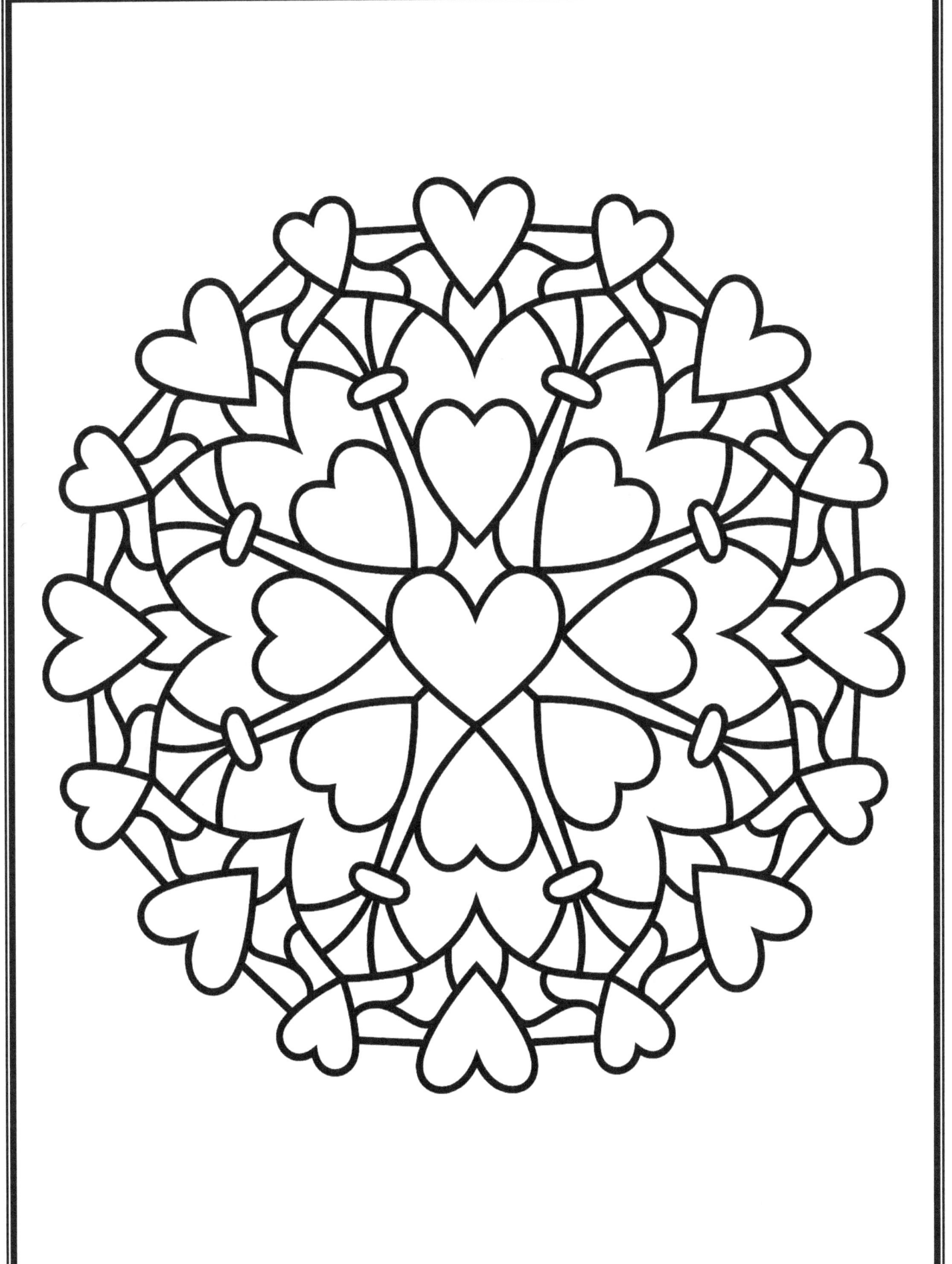

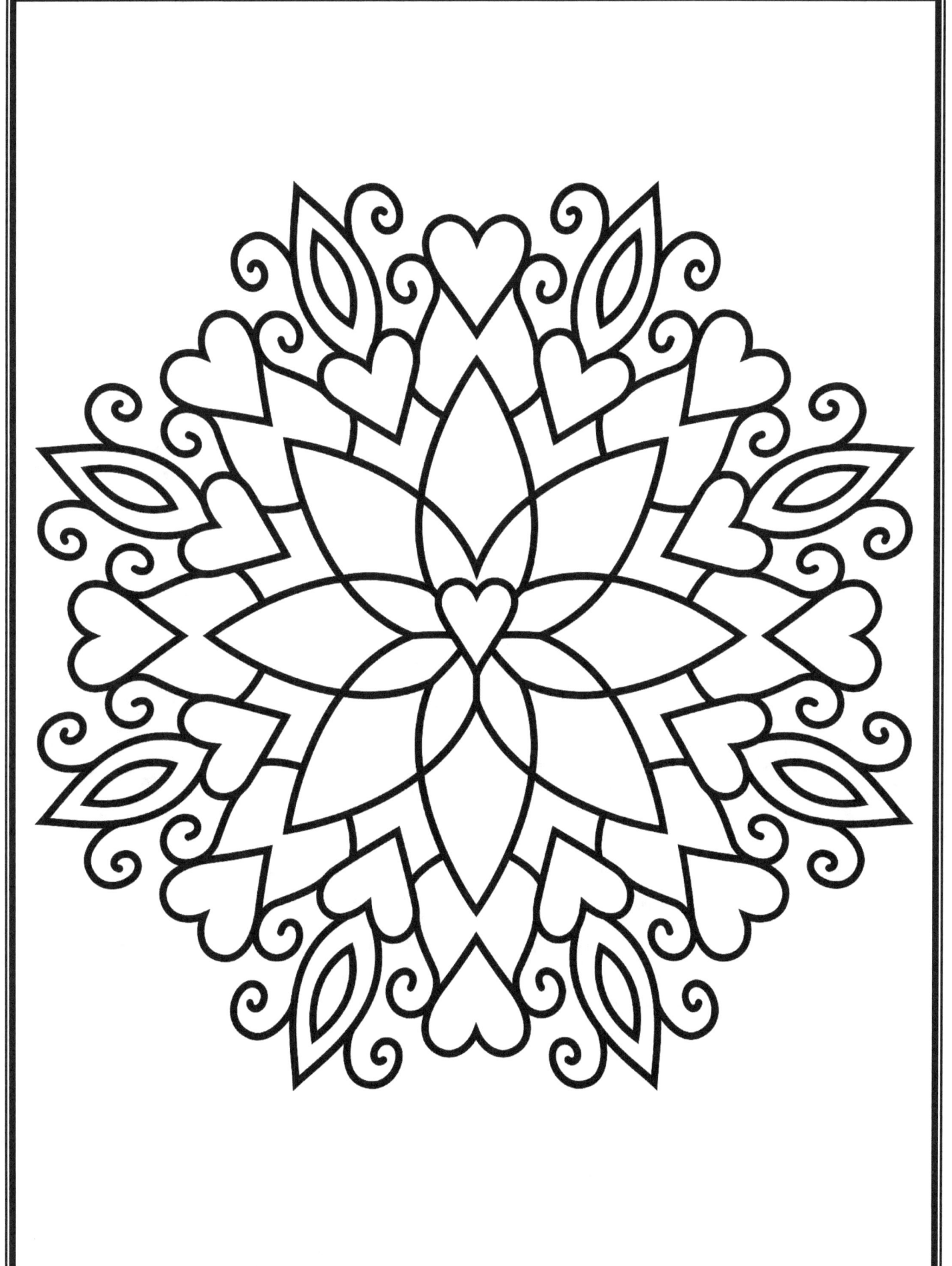

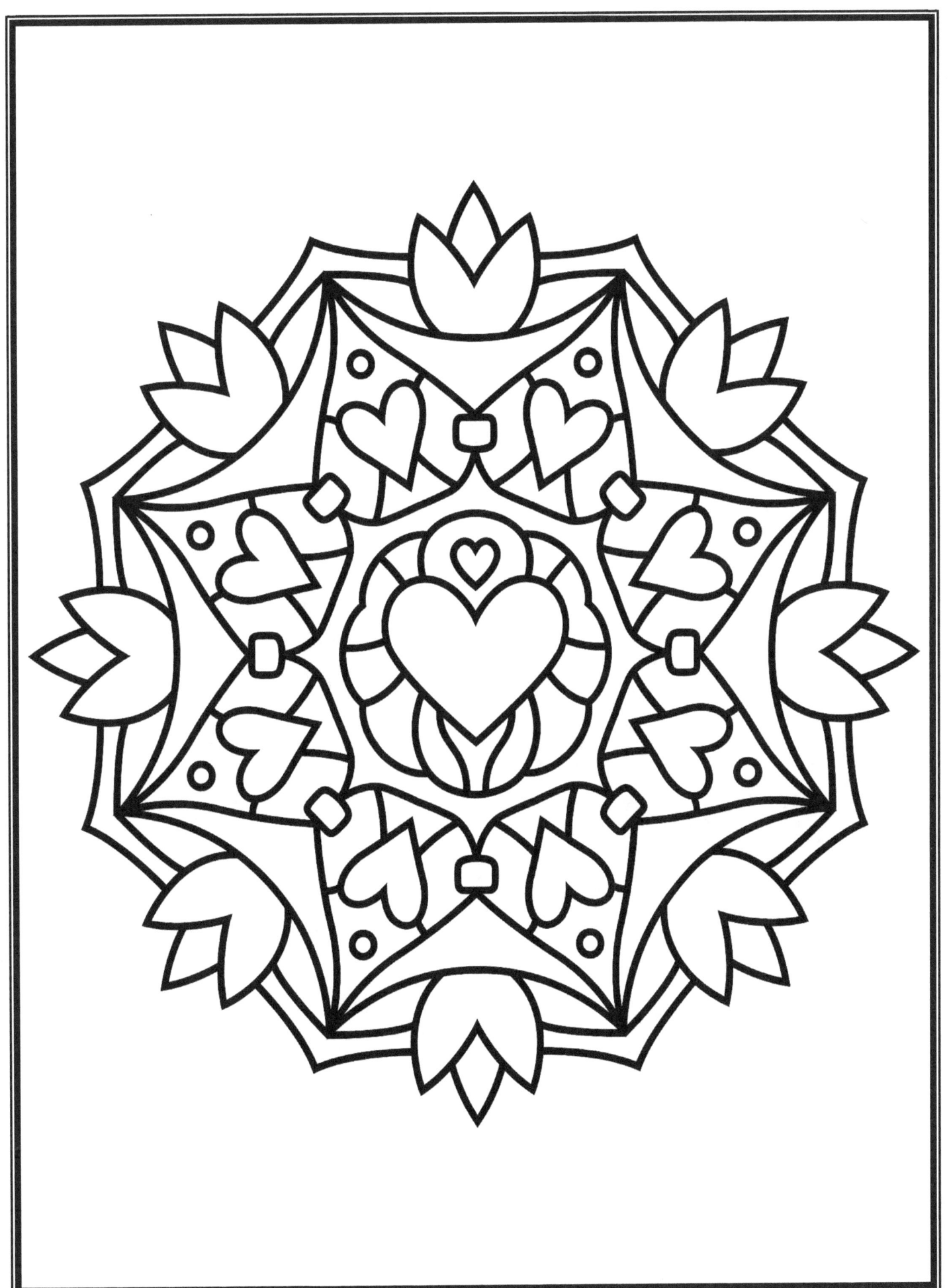

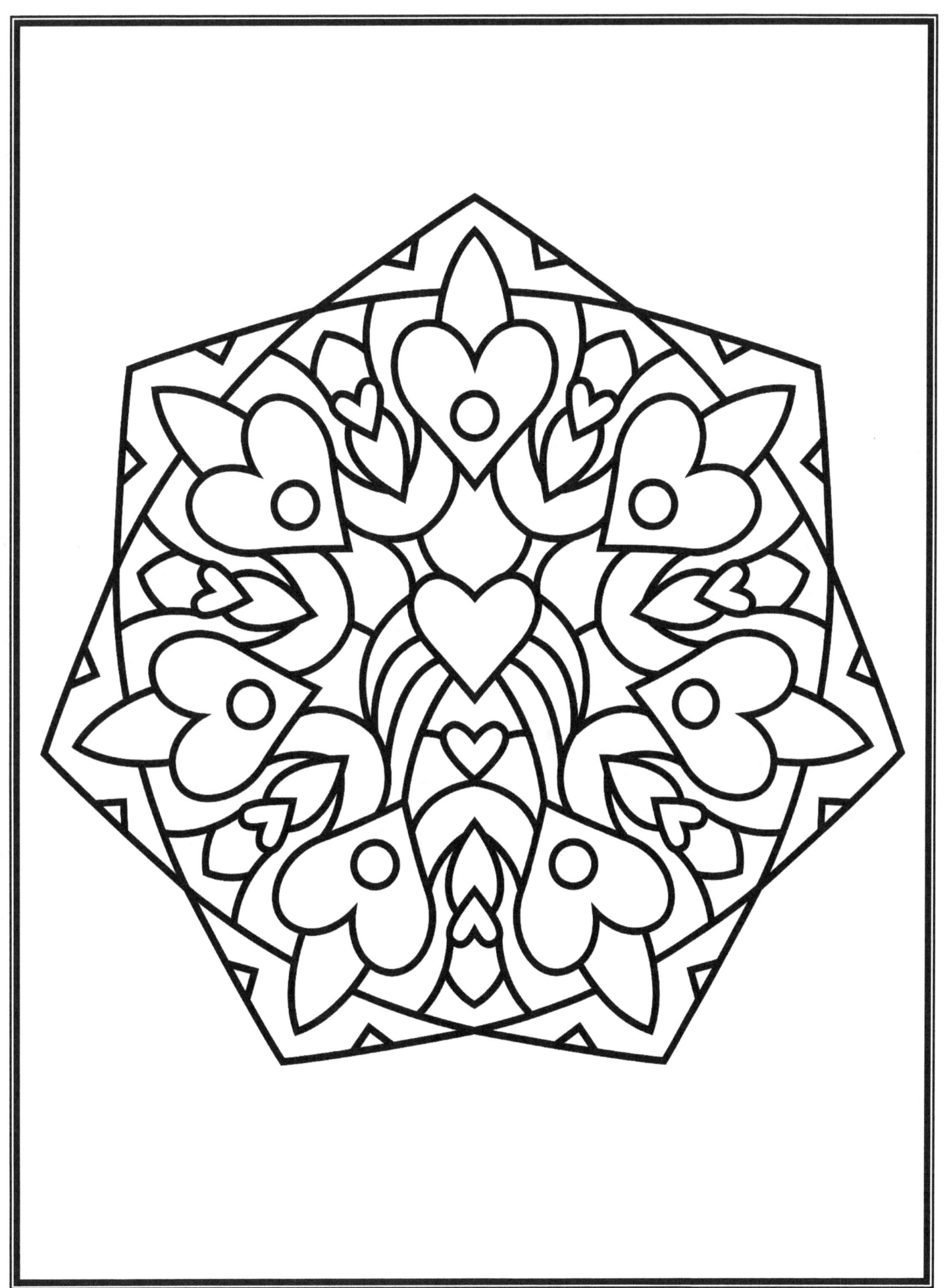

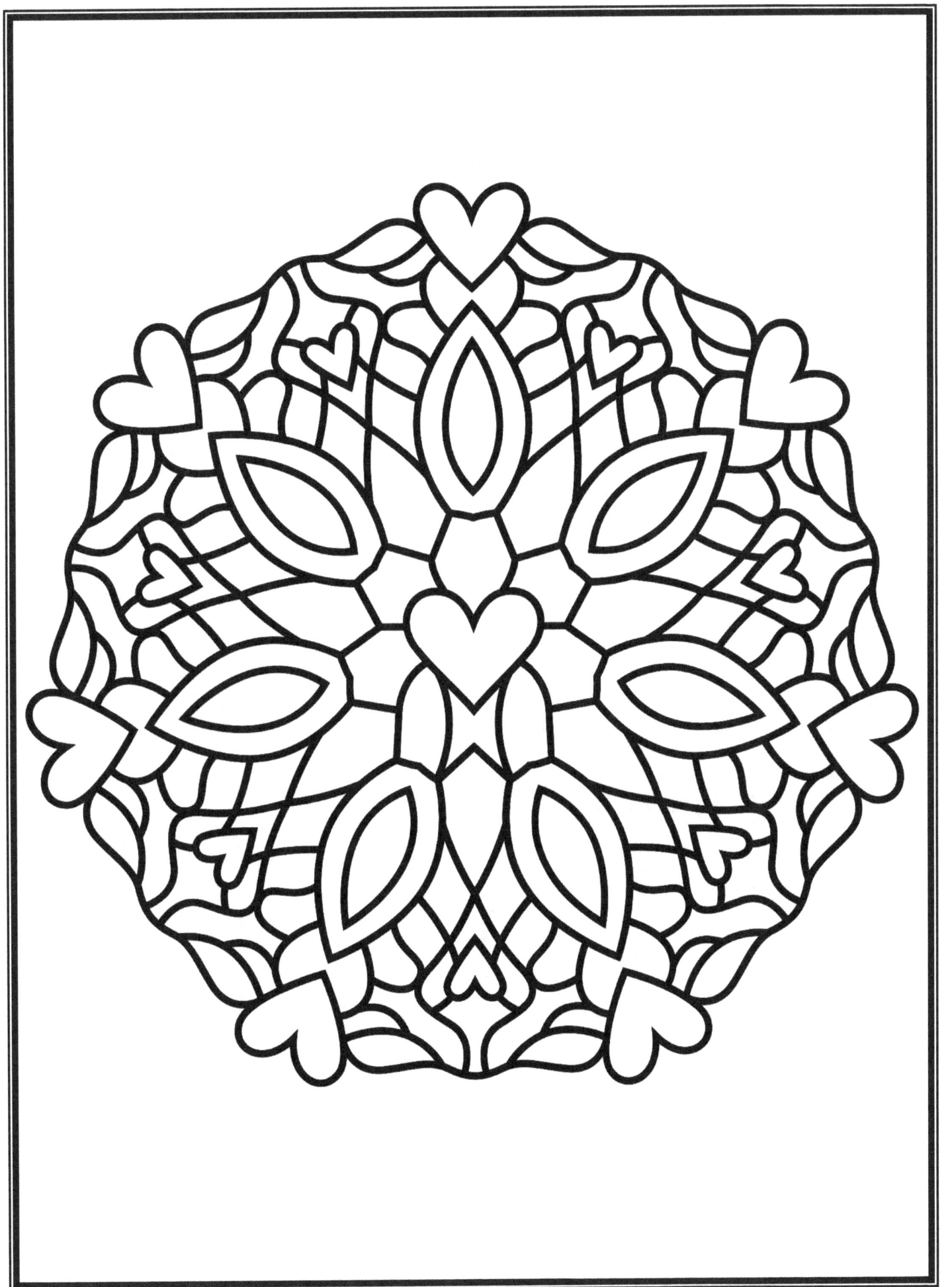

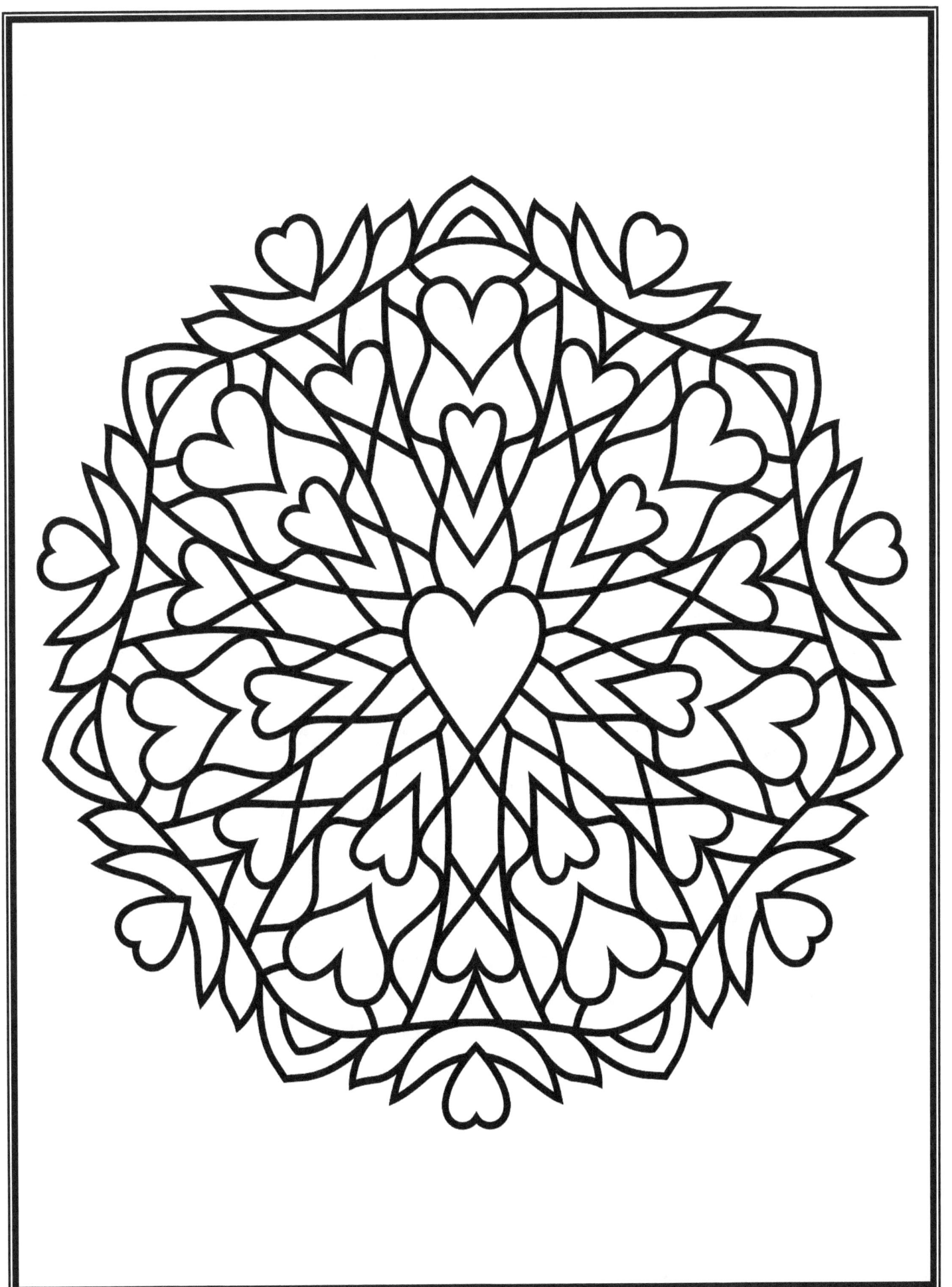

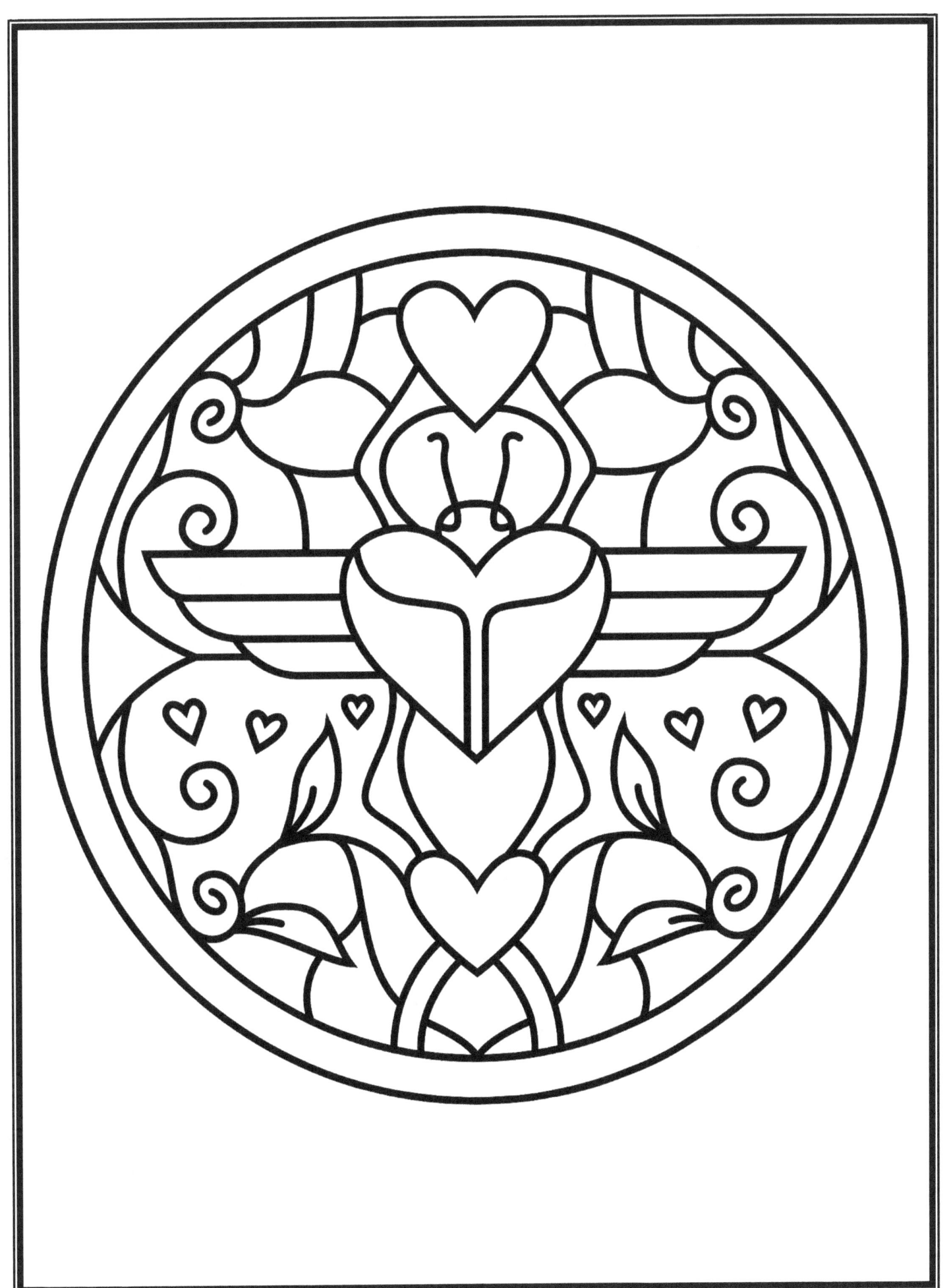

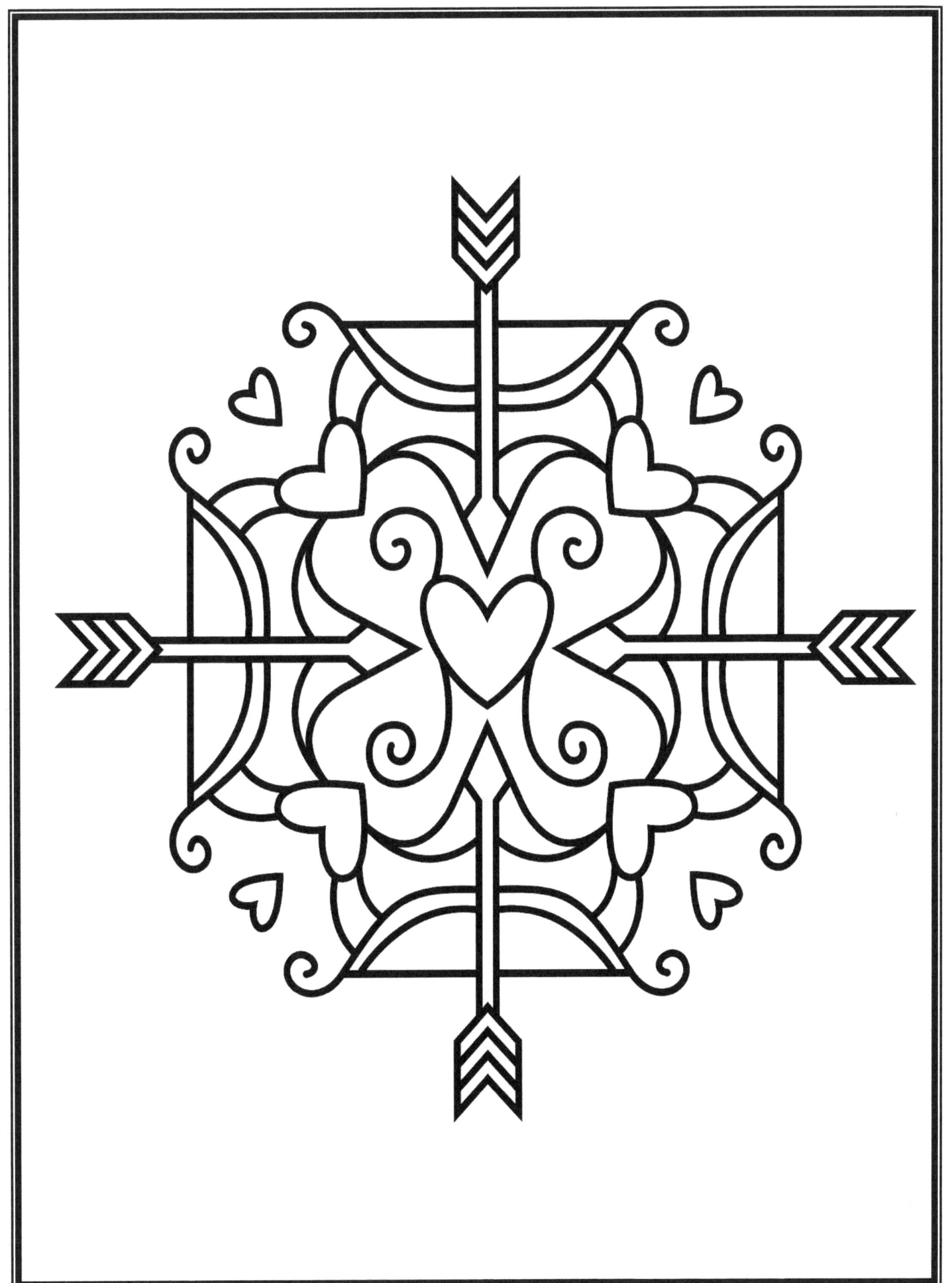

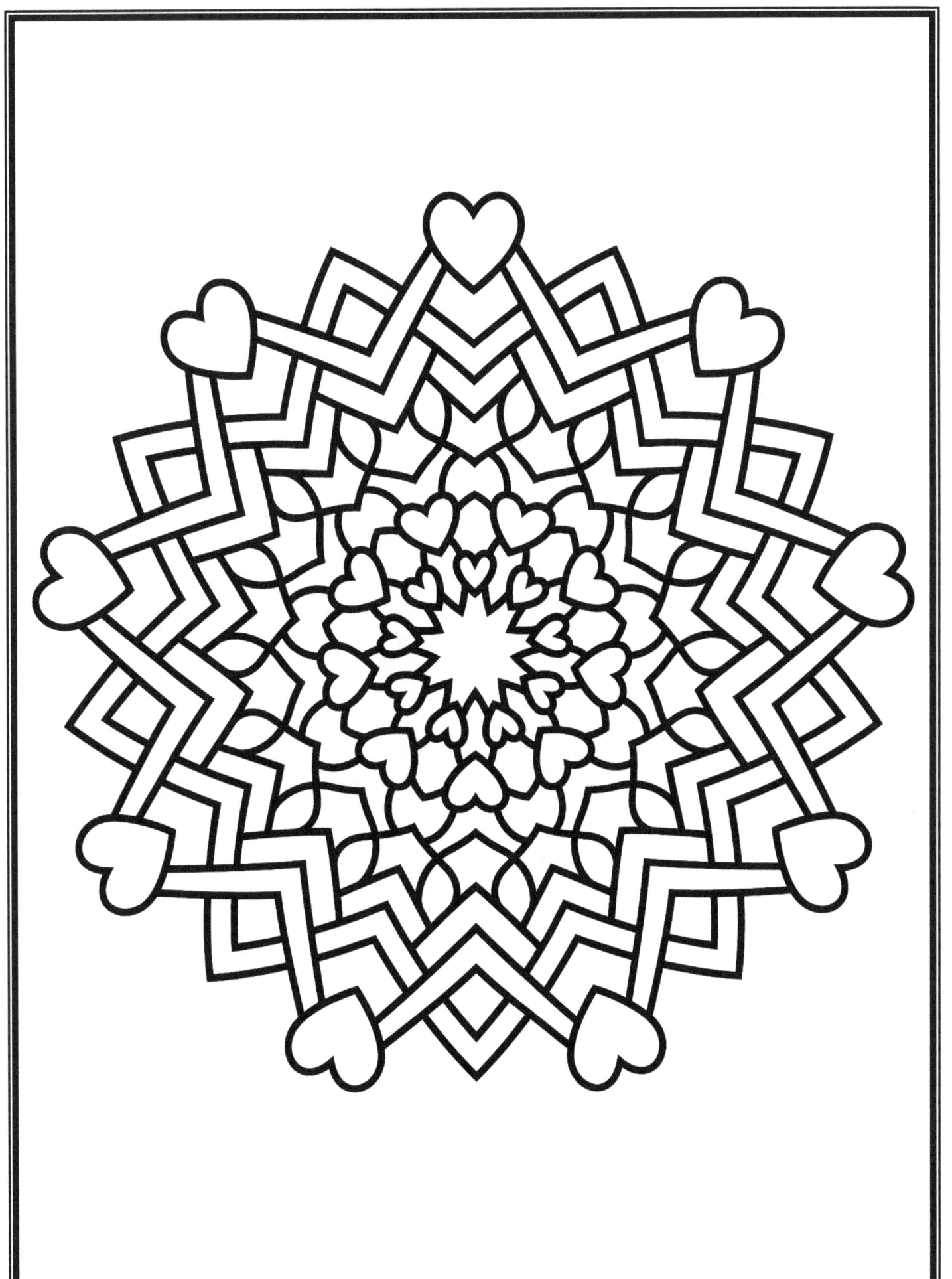

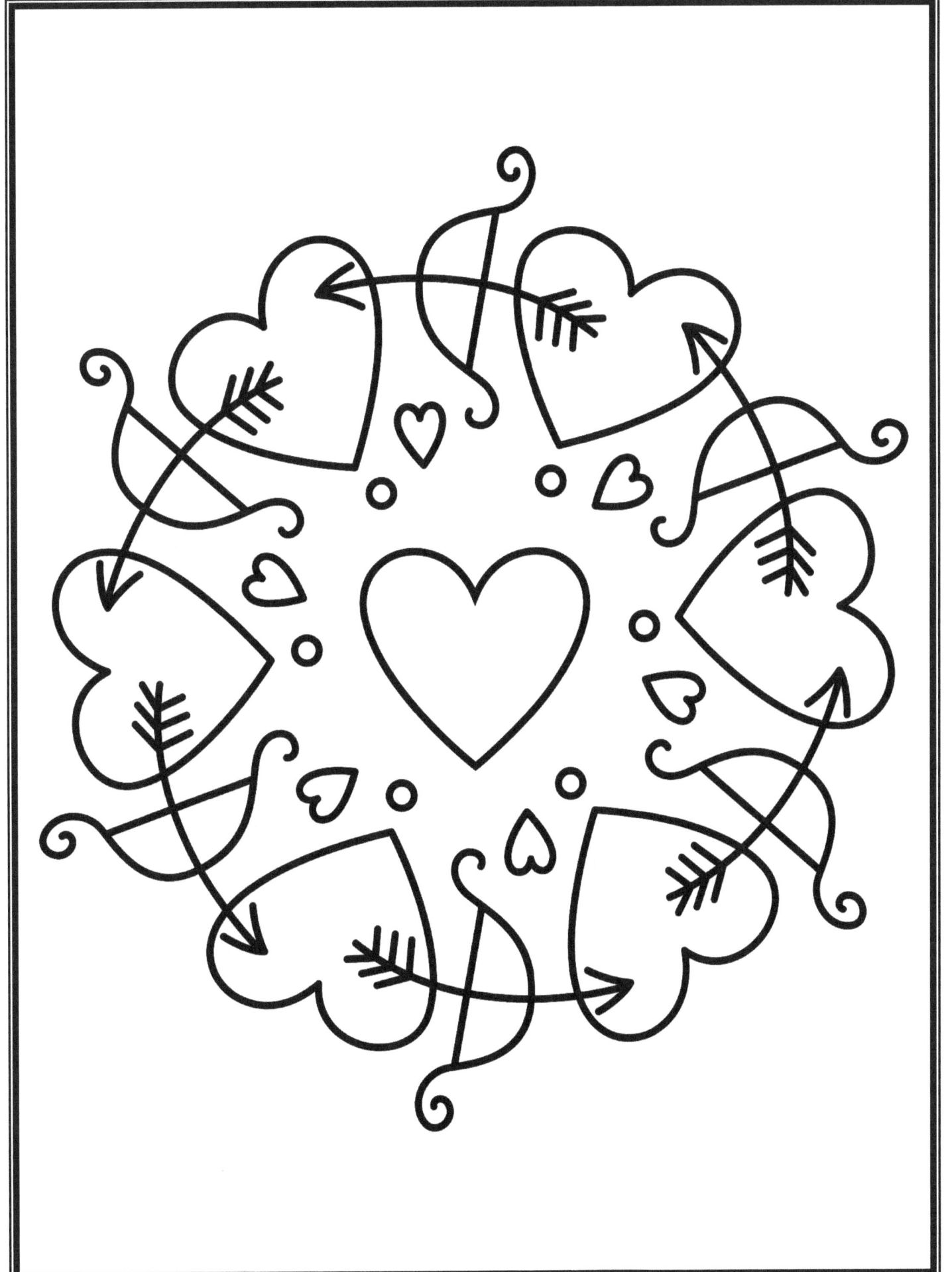

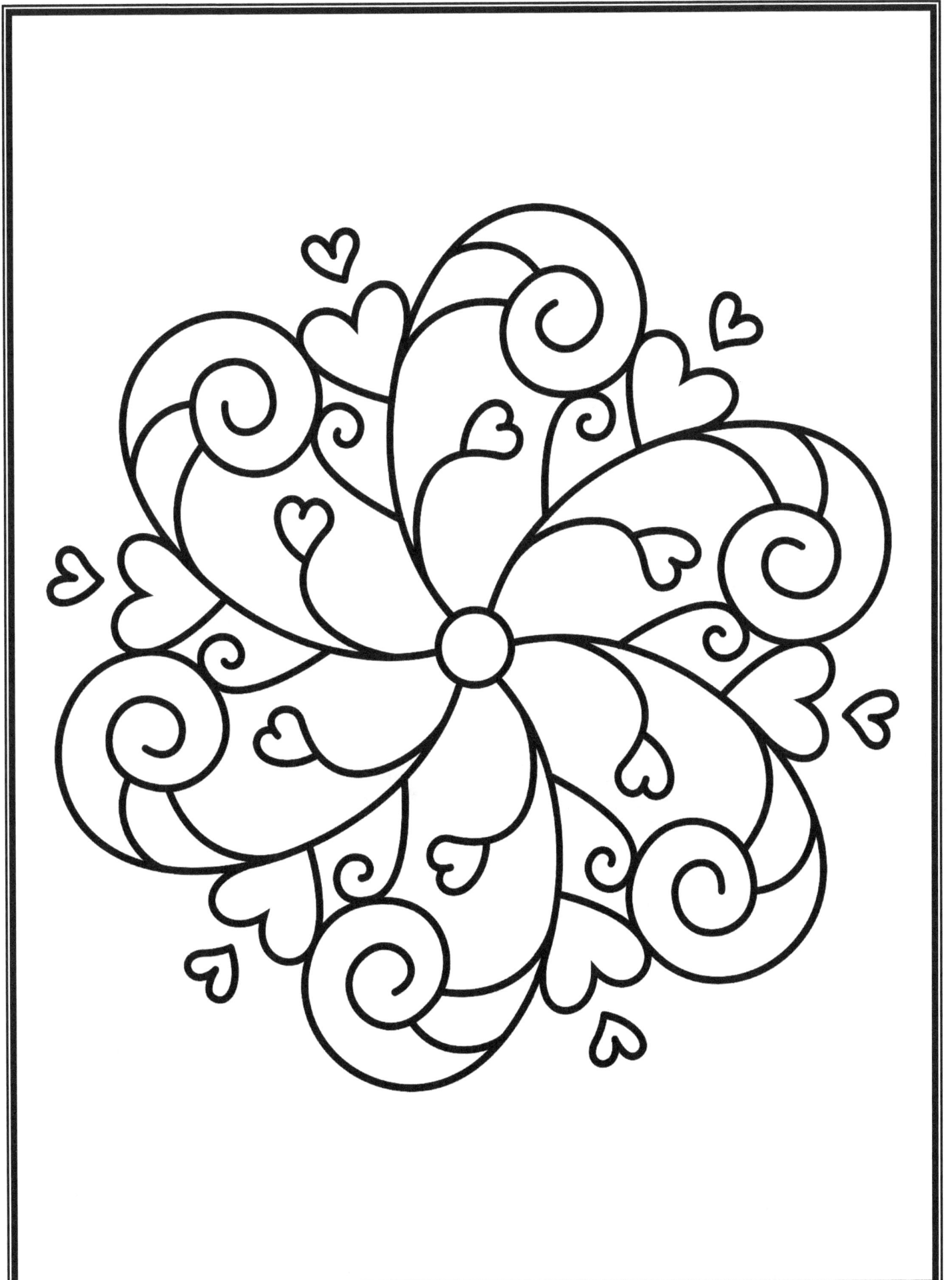

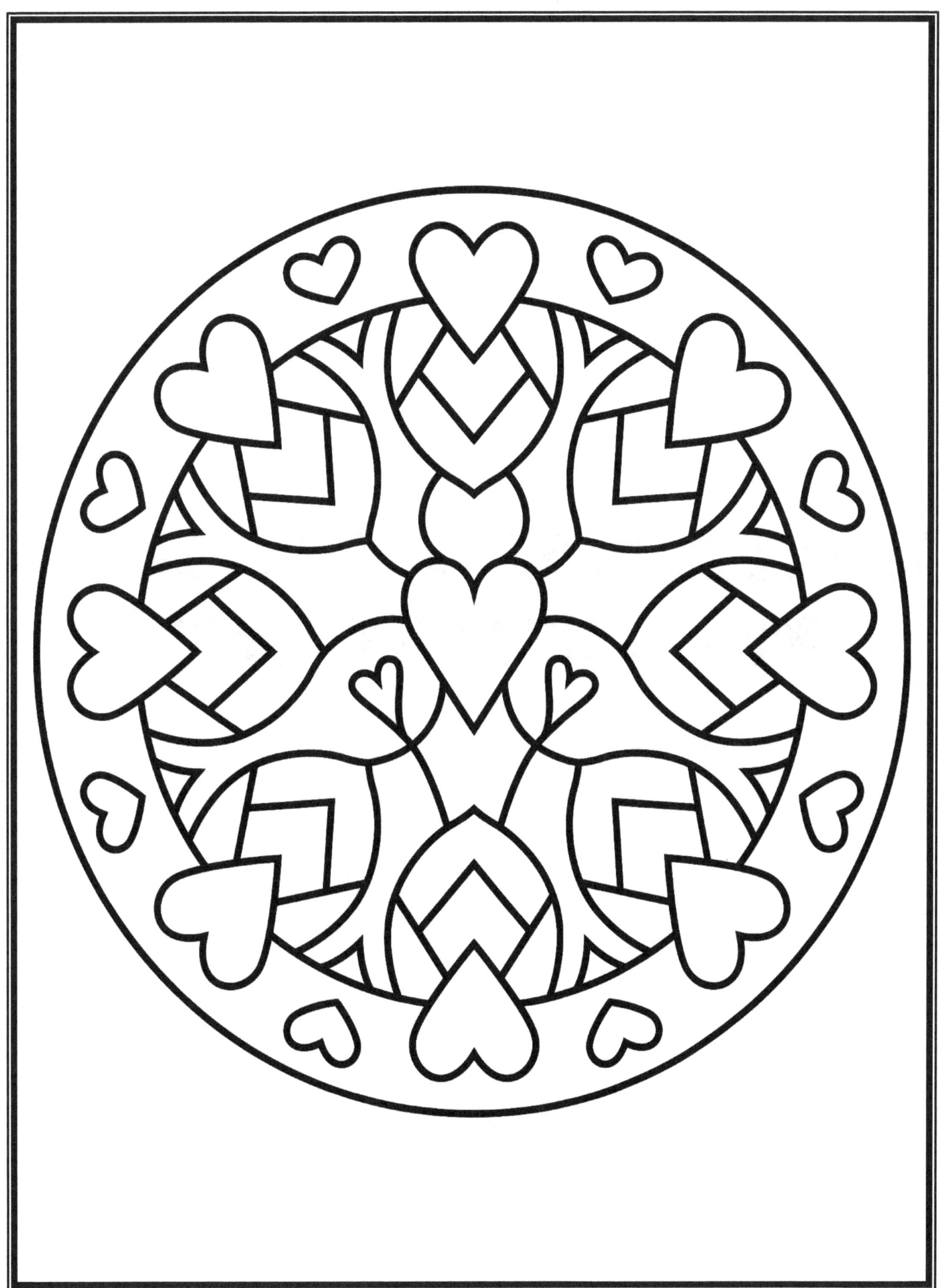

10 ALIEN MANADALA COLORING PAGE START NEXT PAGE

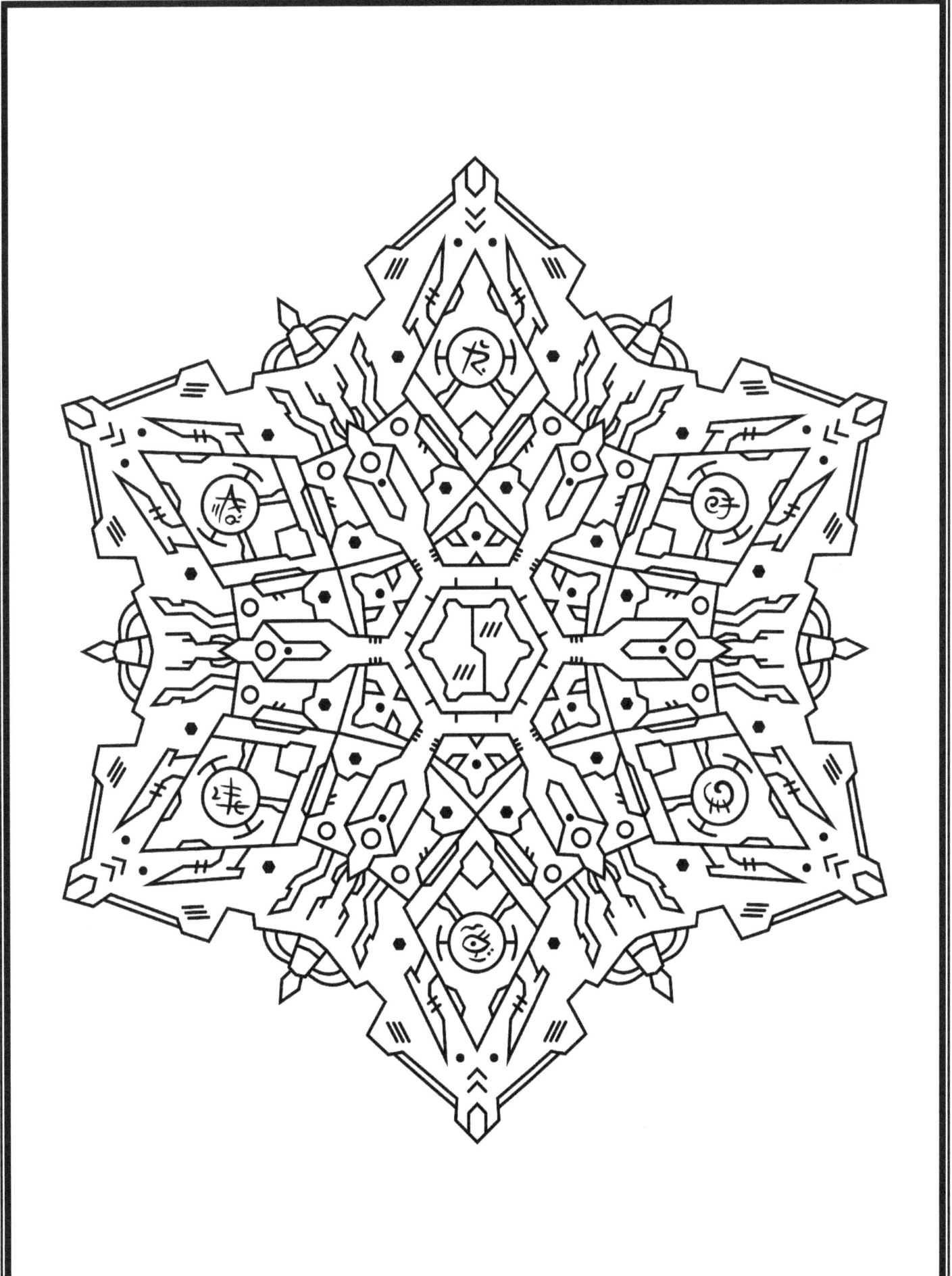

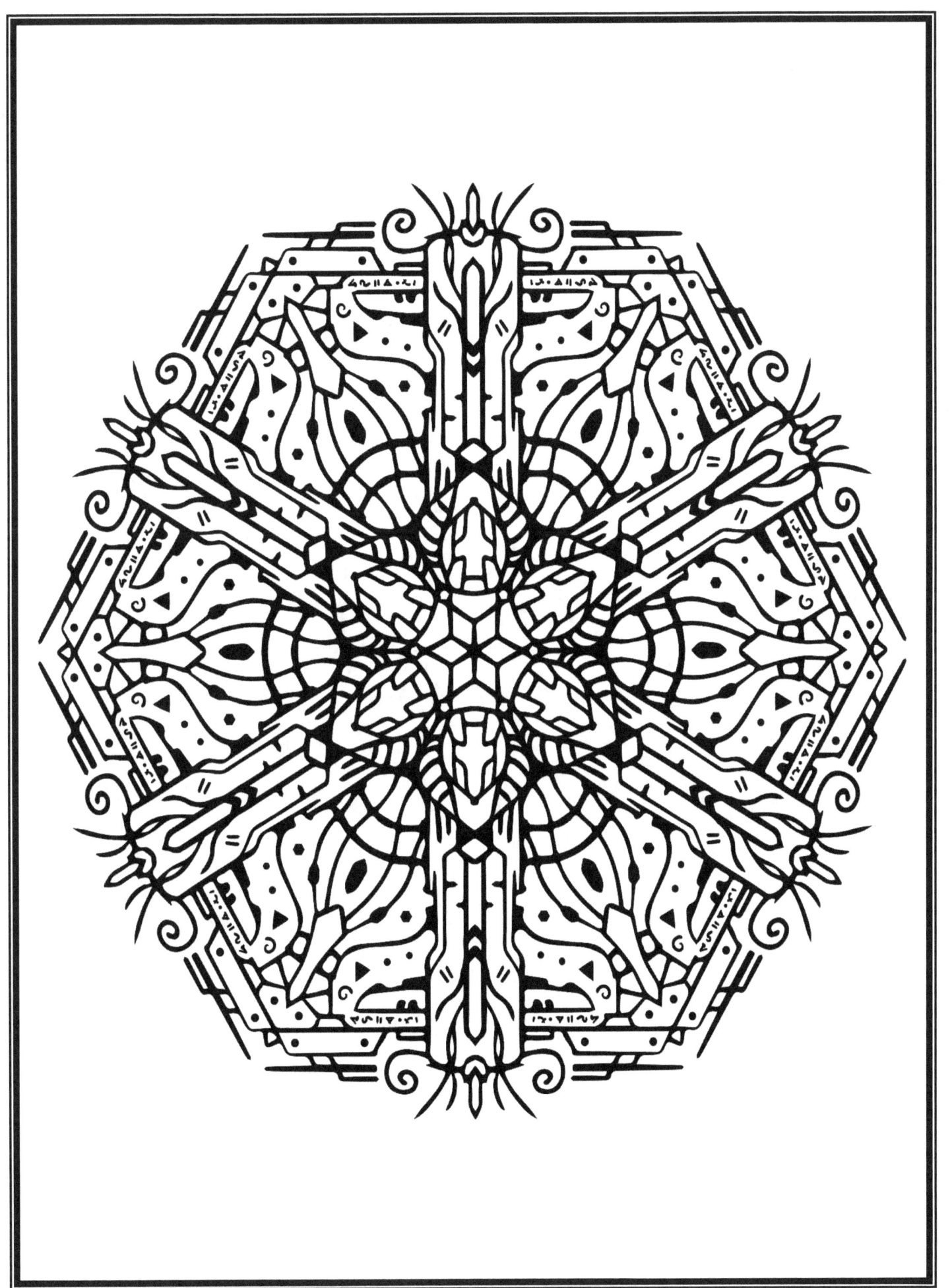

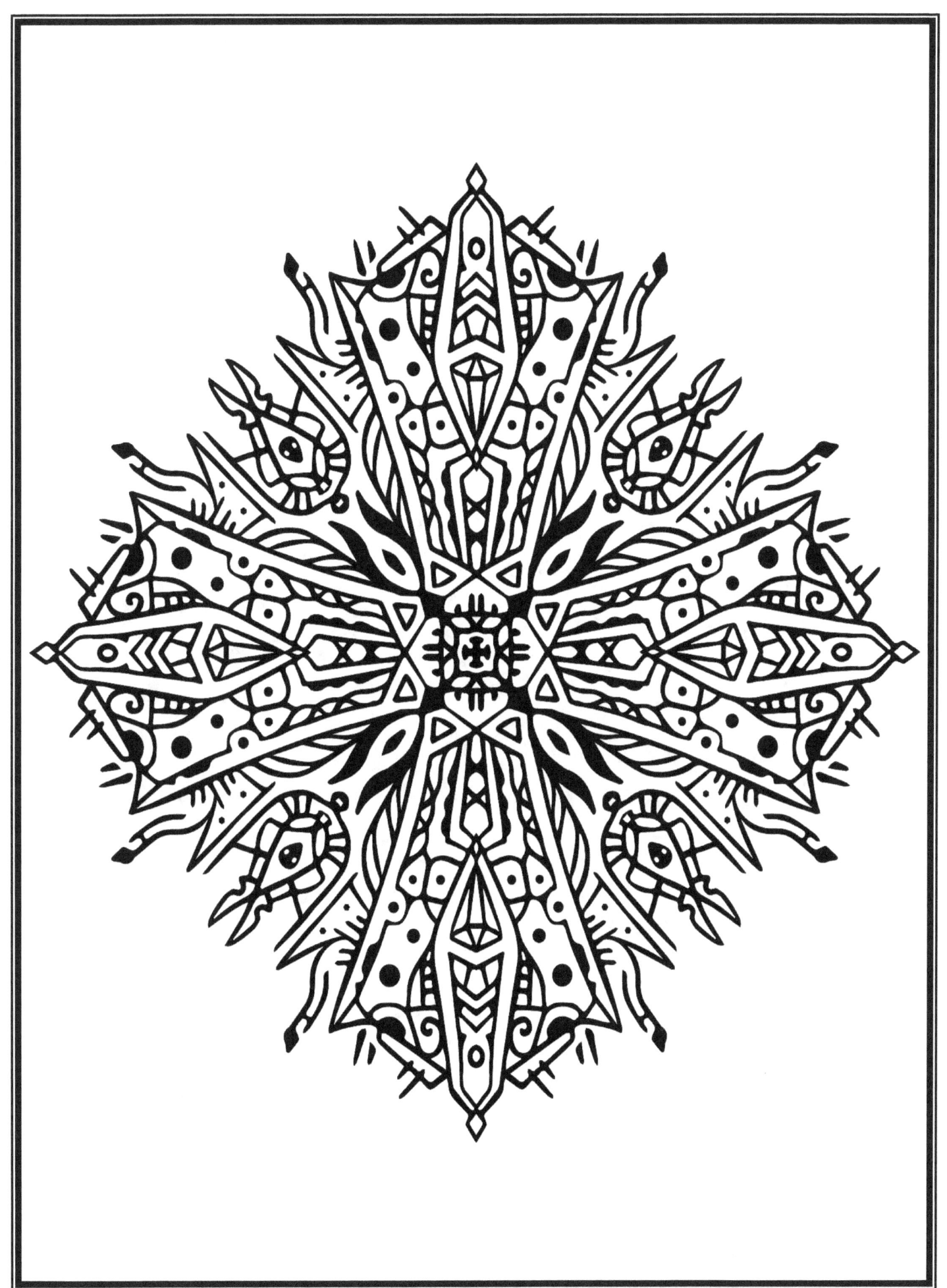

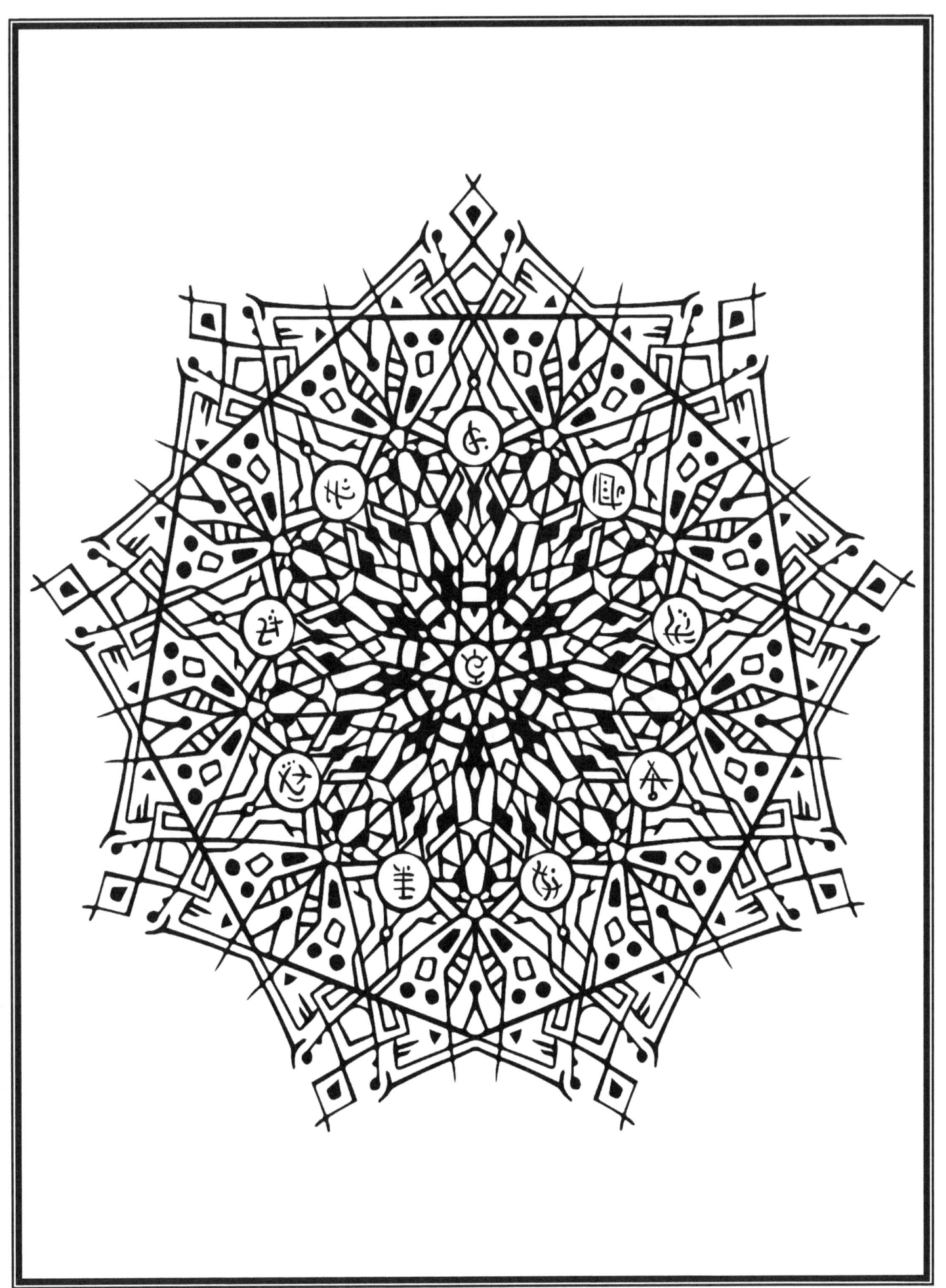

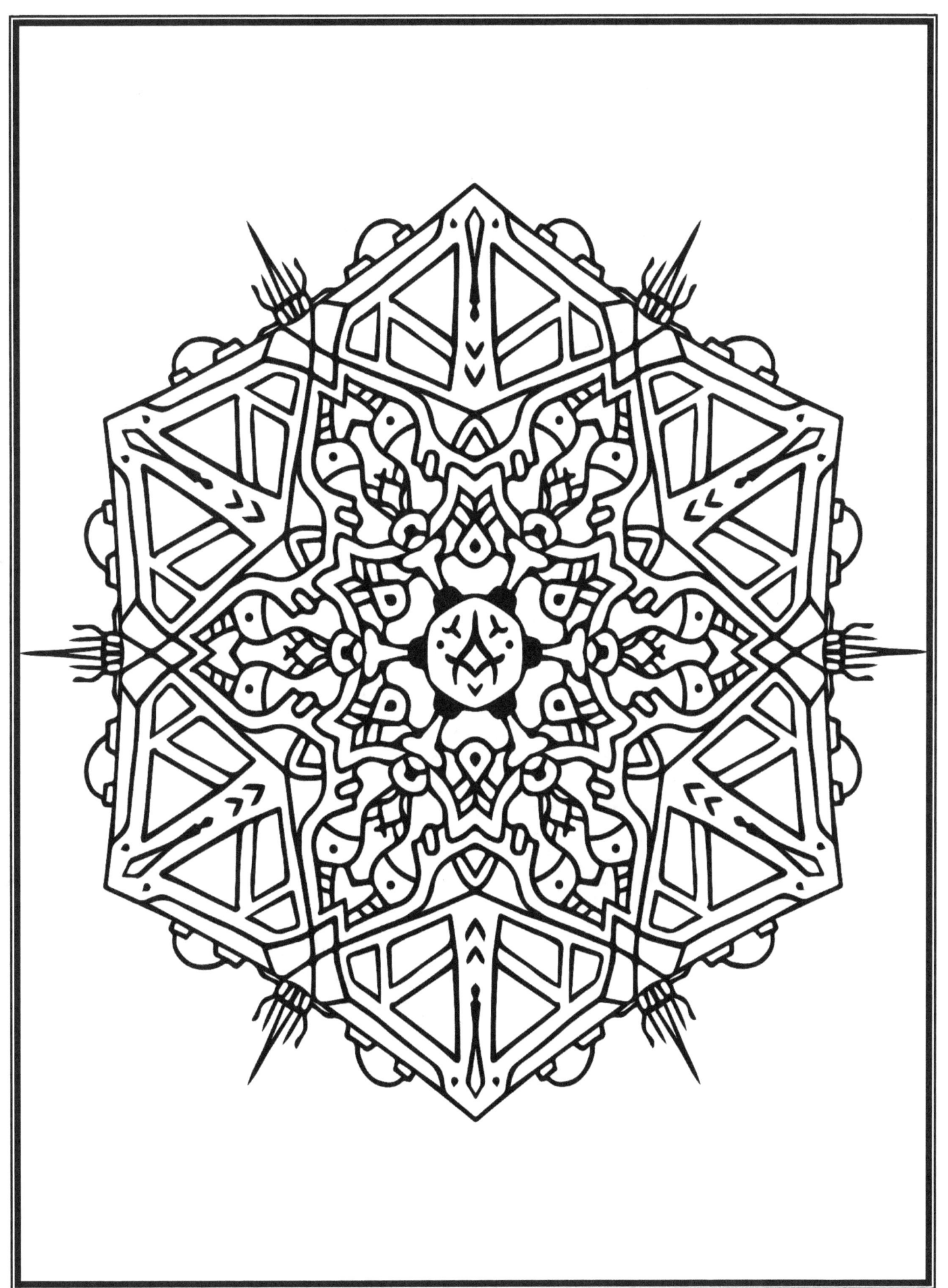

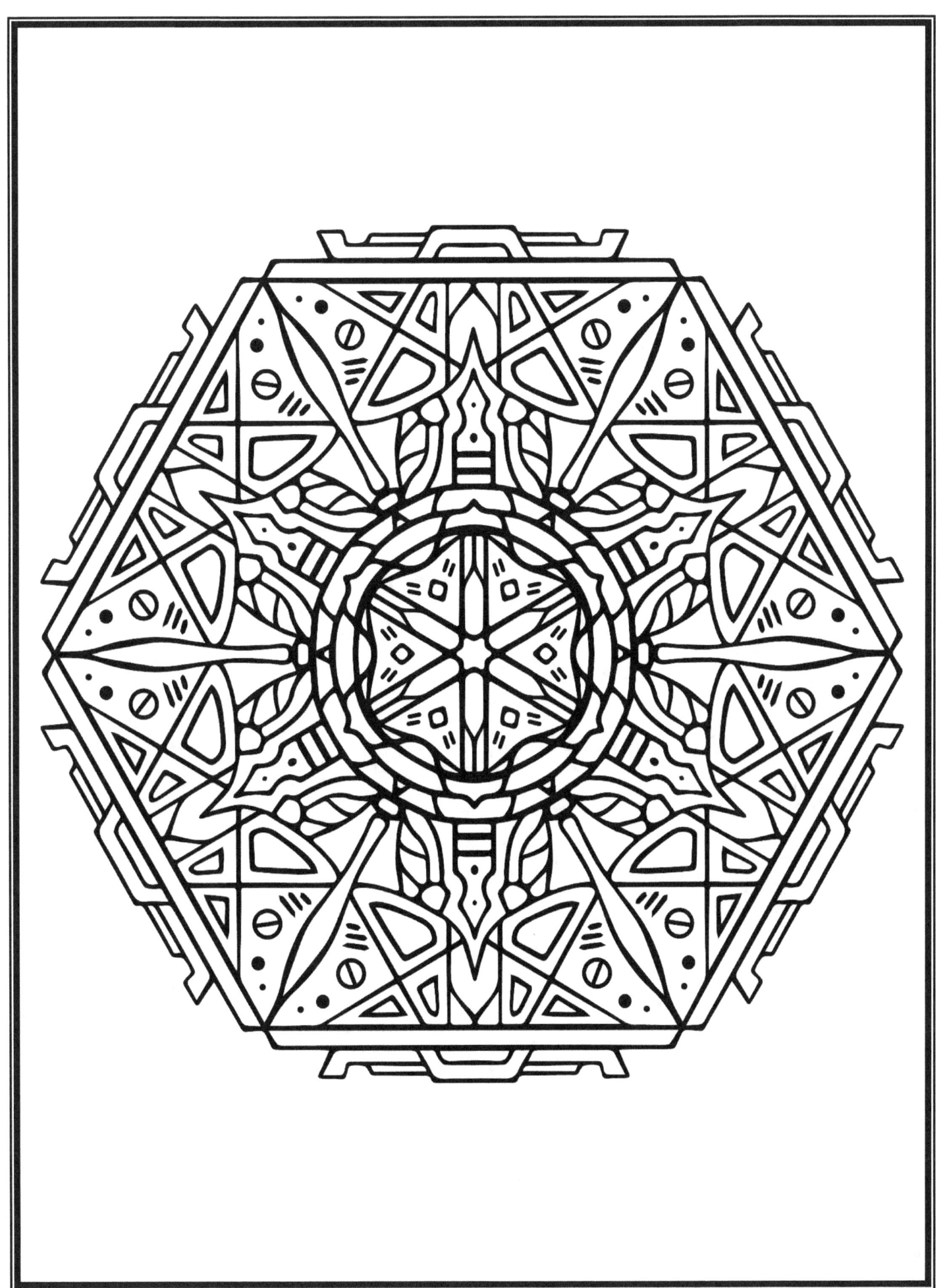

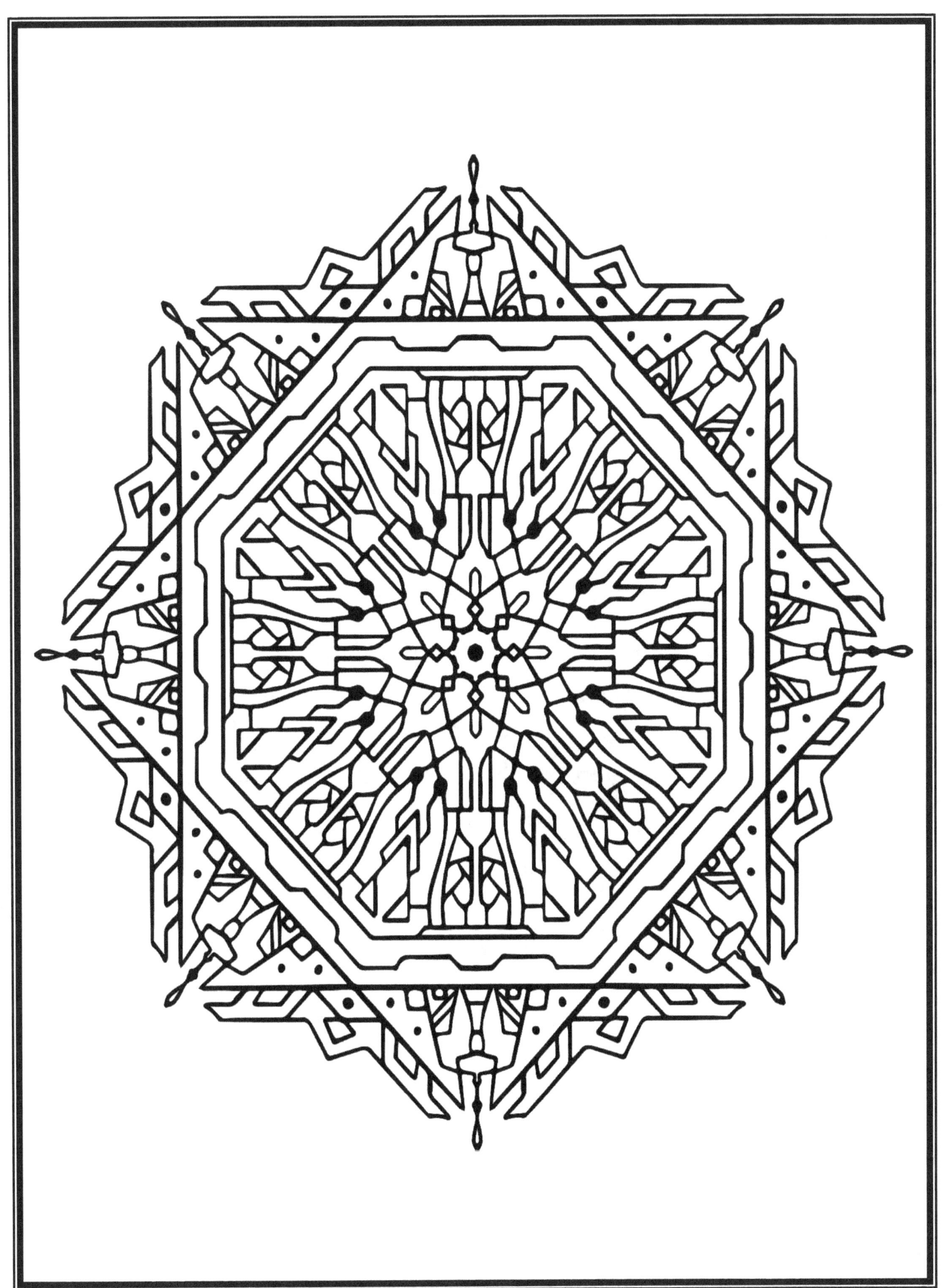

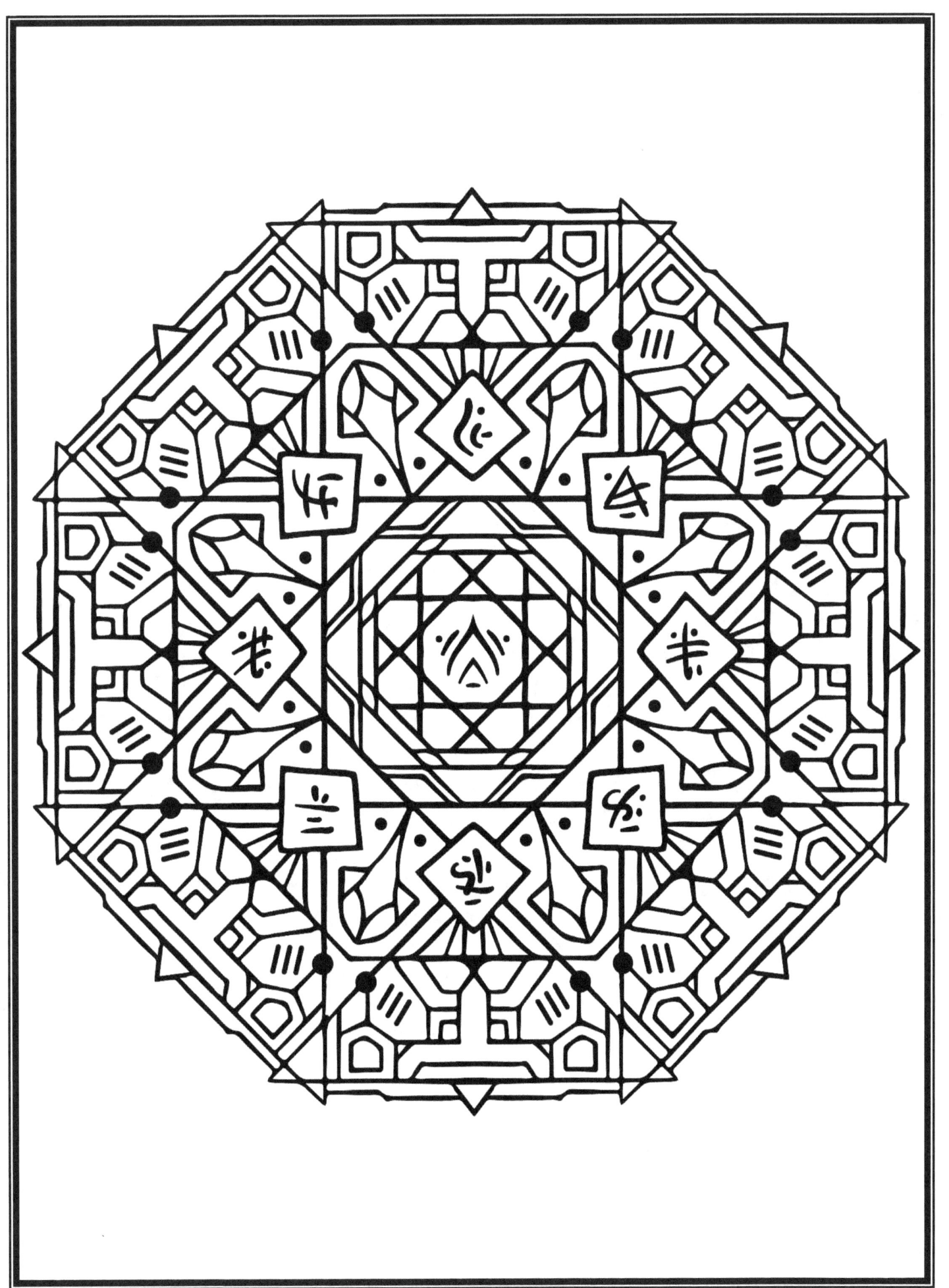

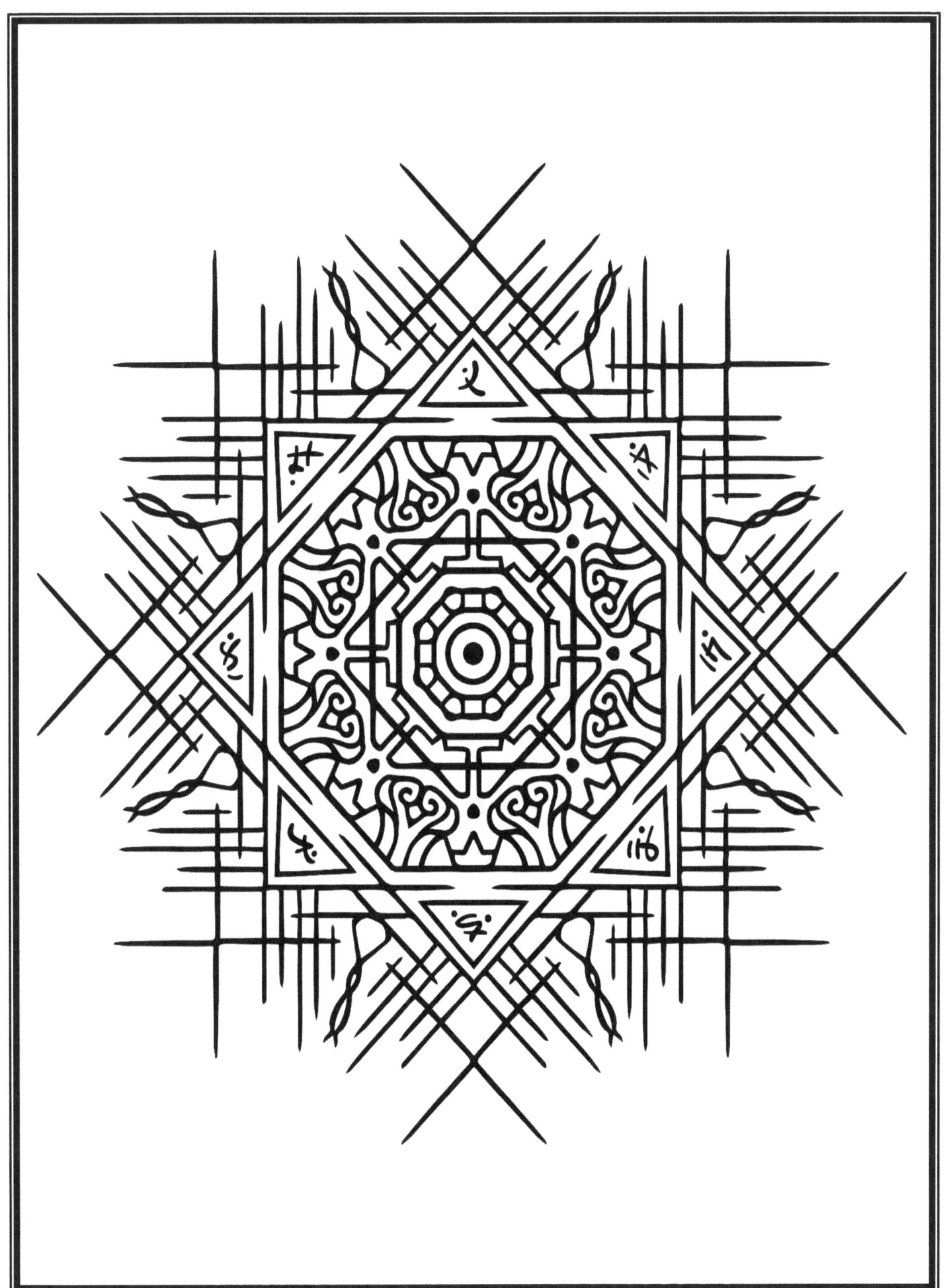

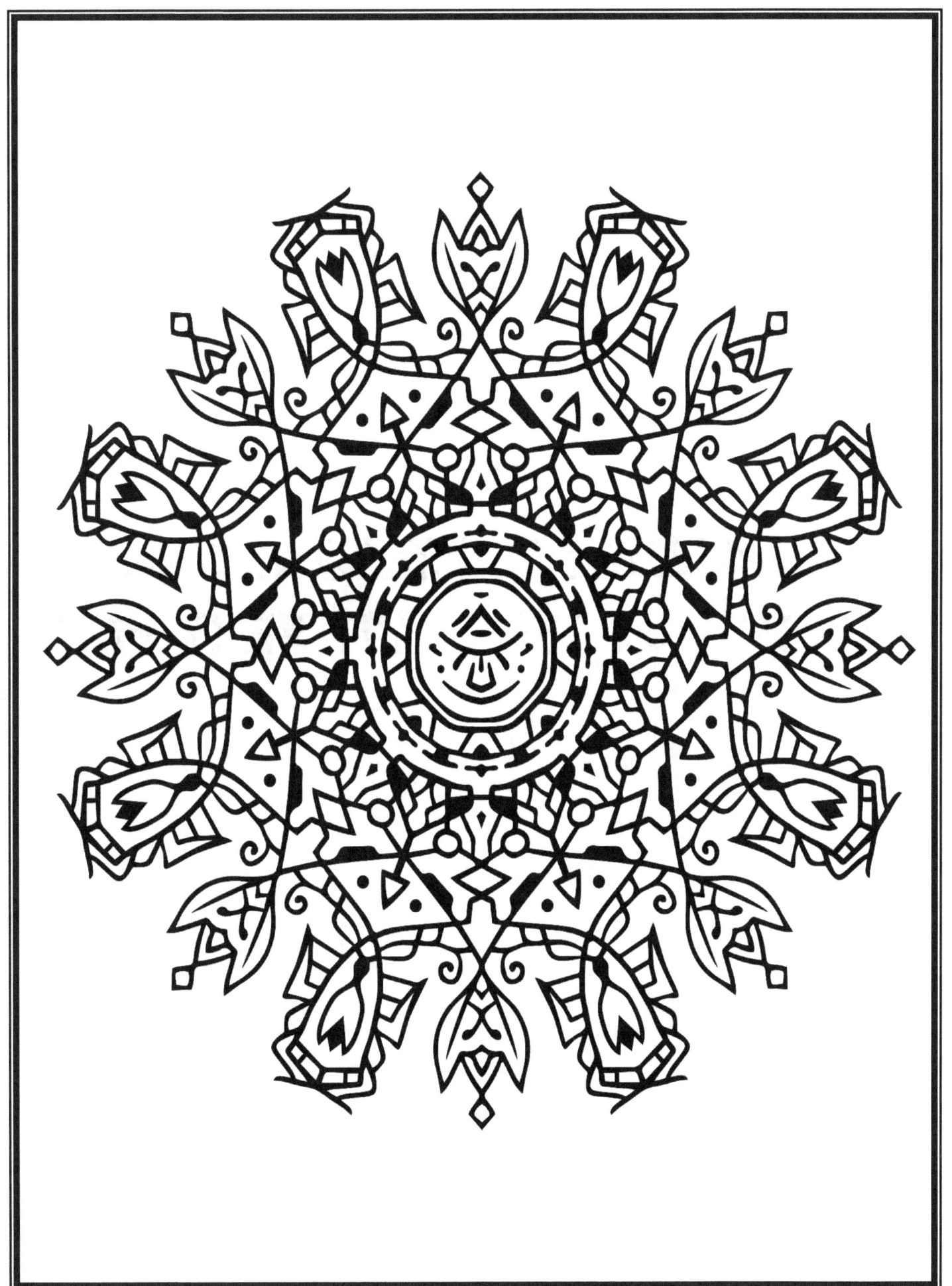

10 ANCIENT CIVILIZATIONS COLORING PAGE START NEXT PAGE

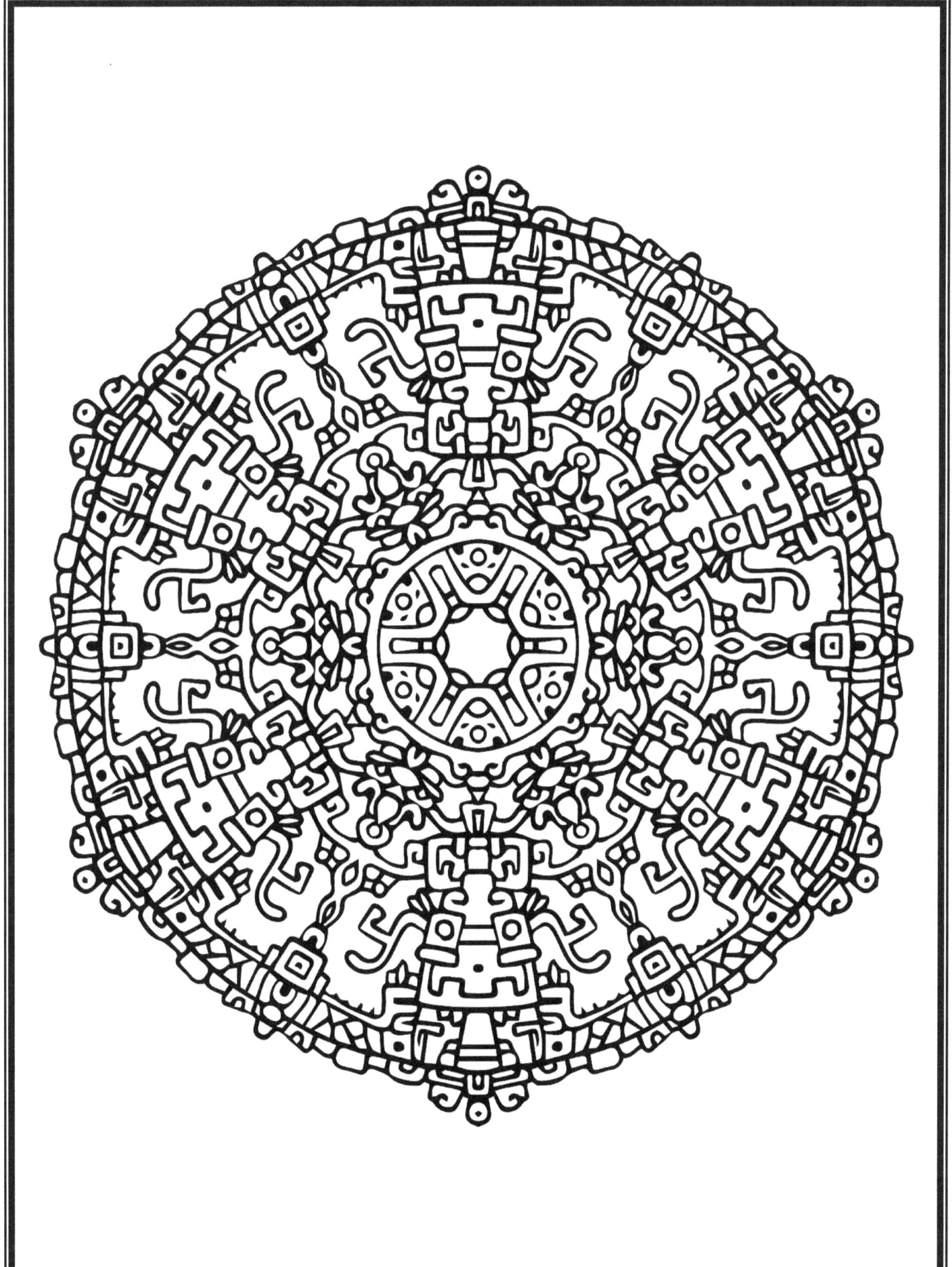

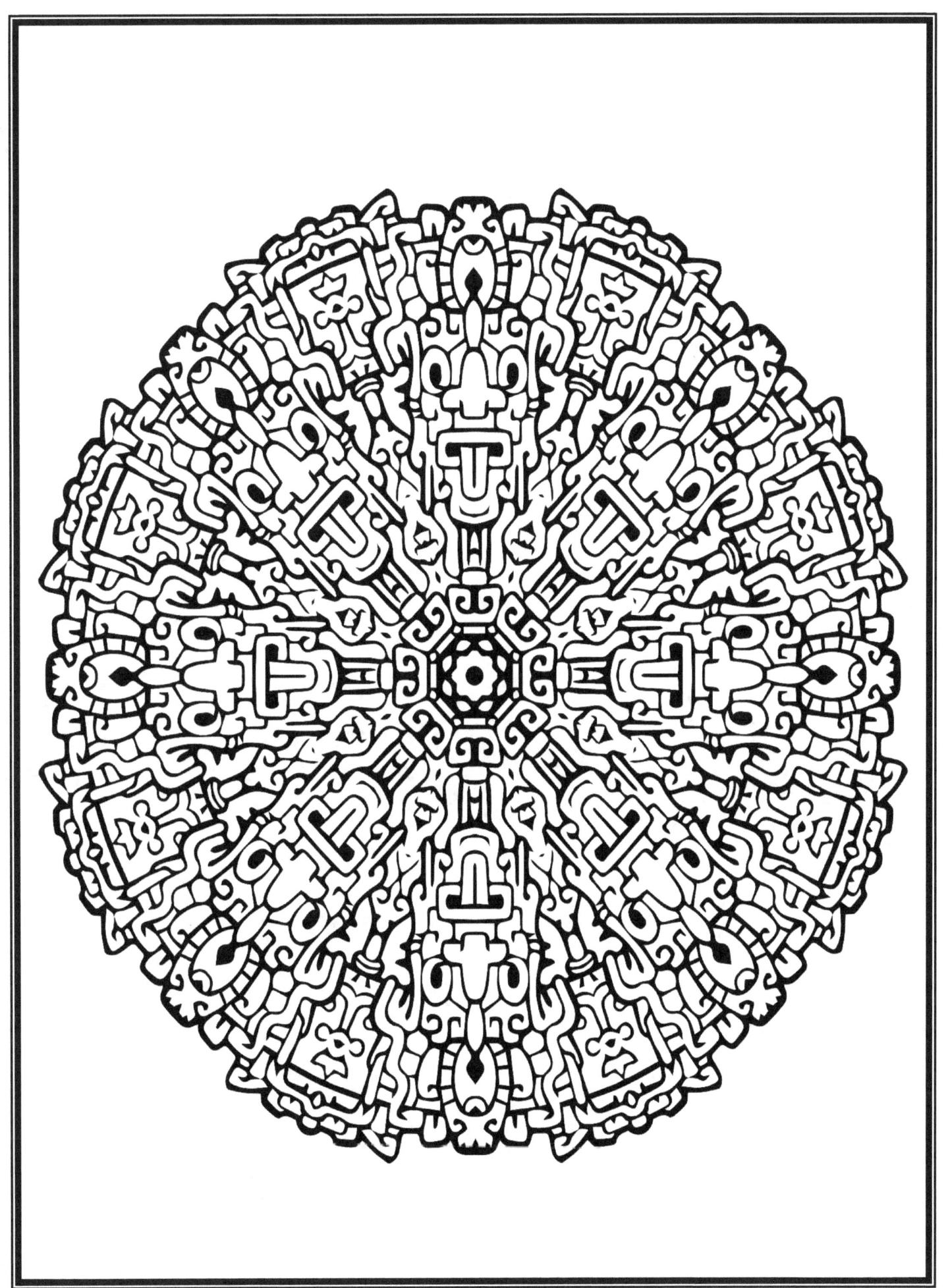

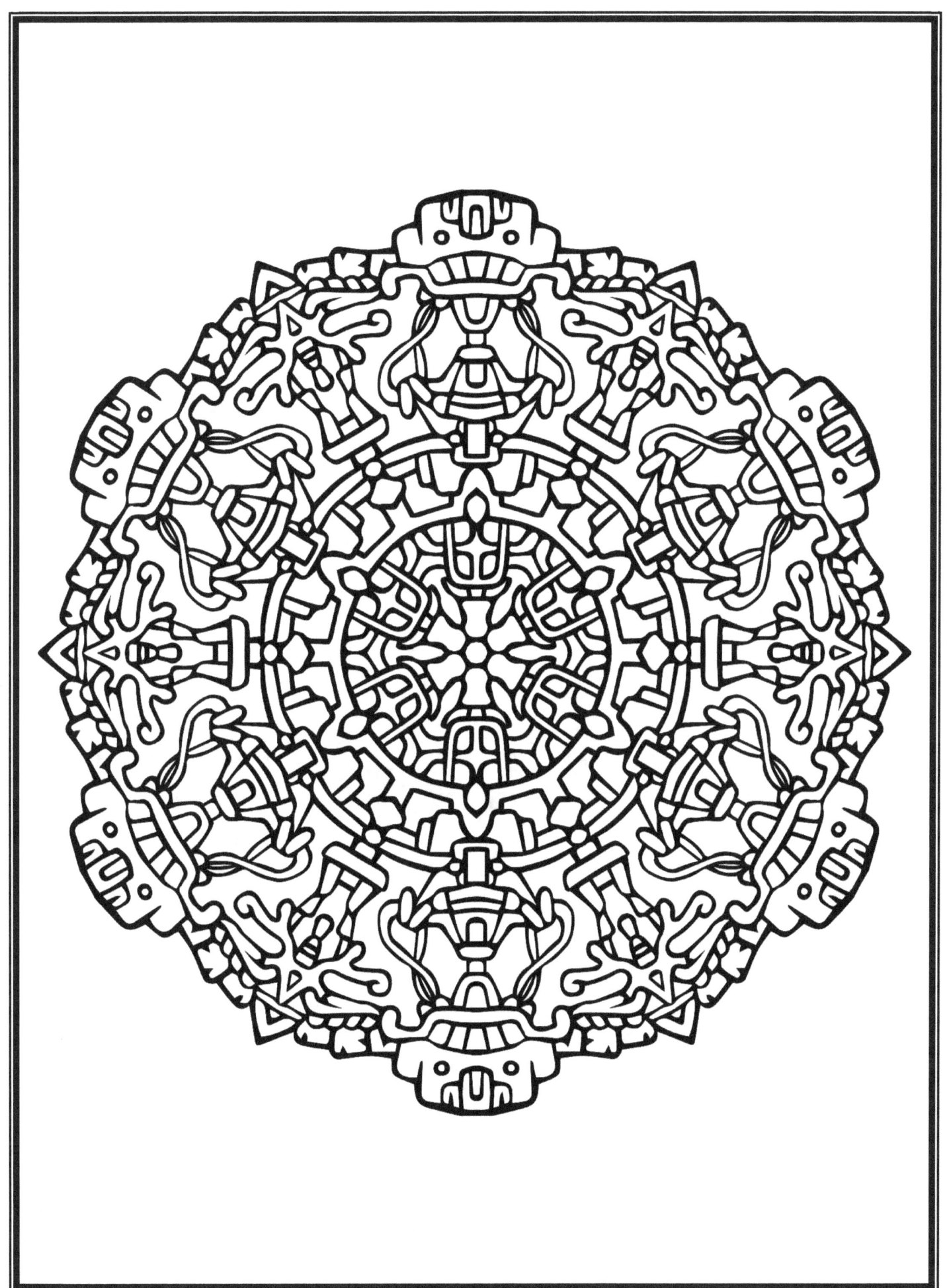

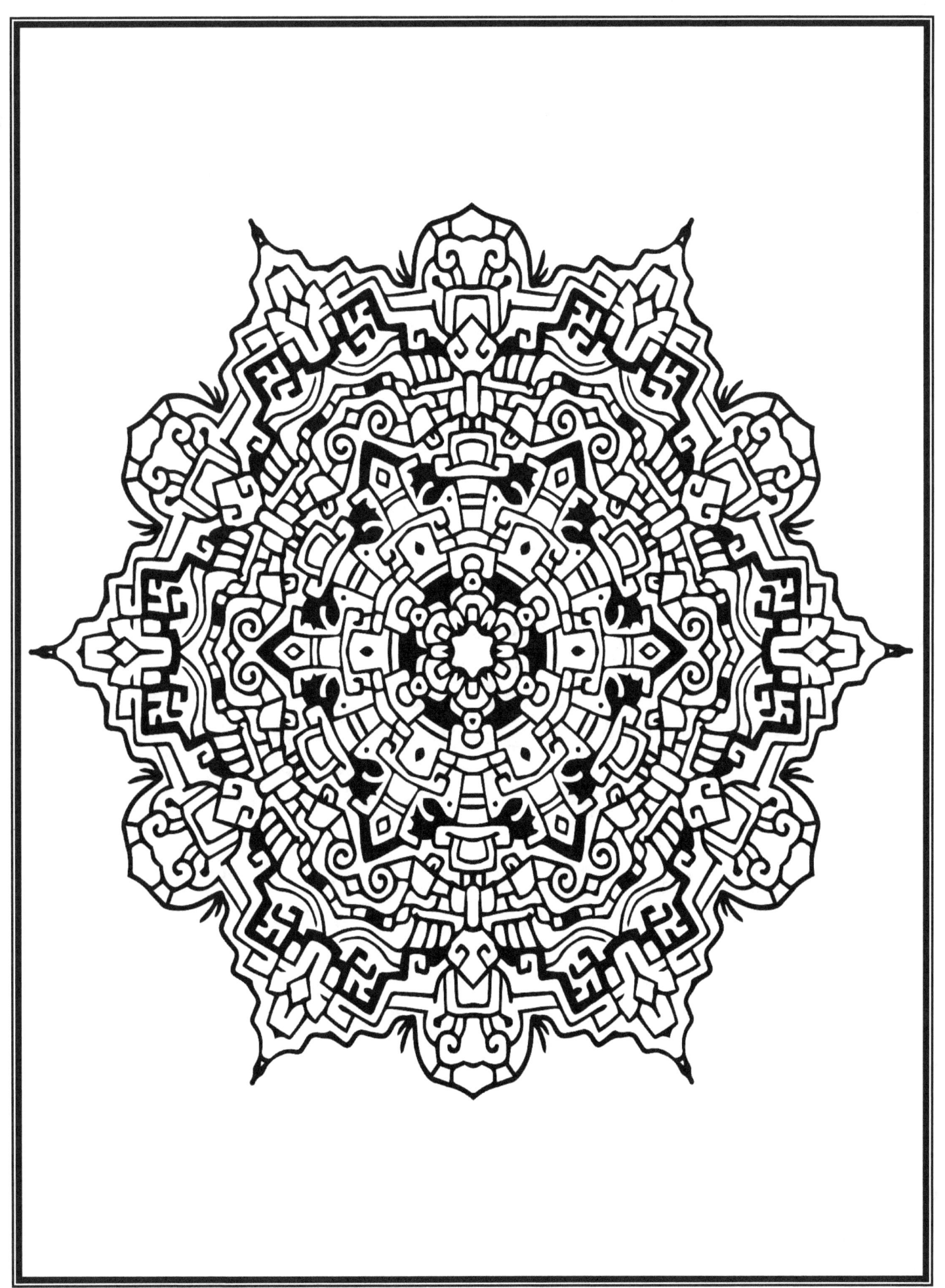

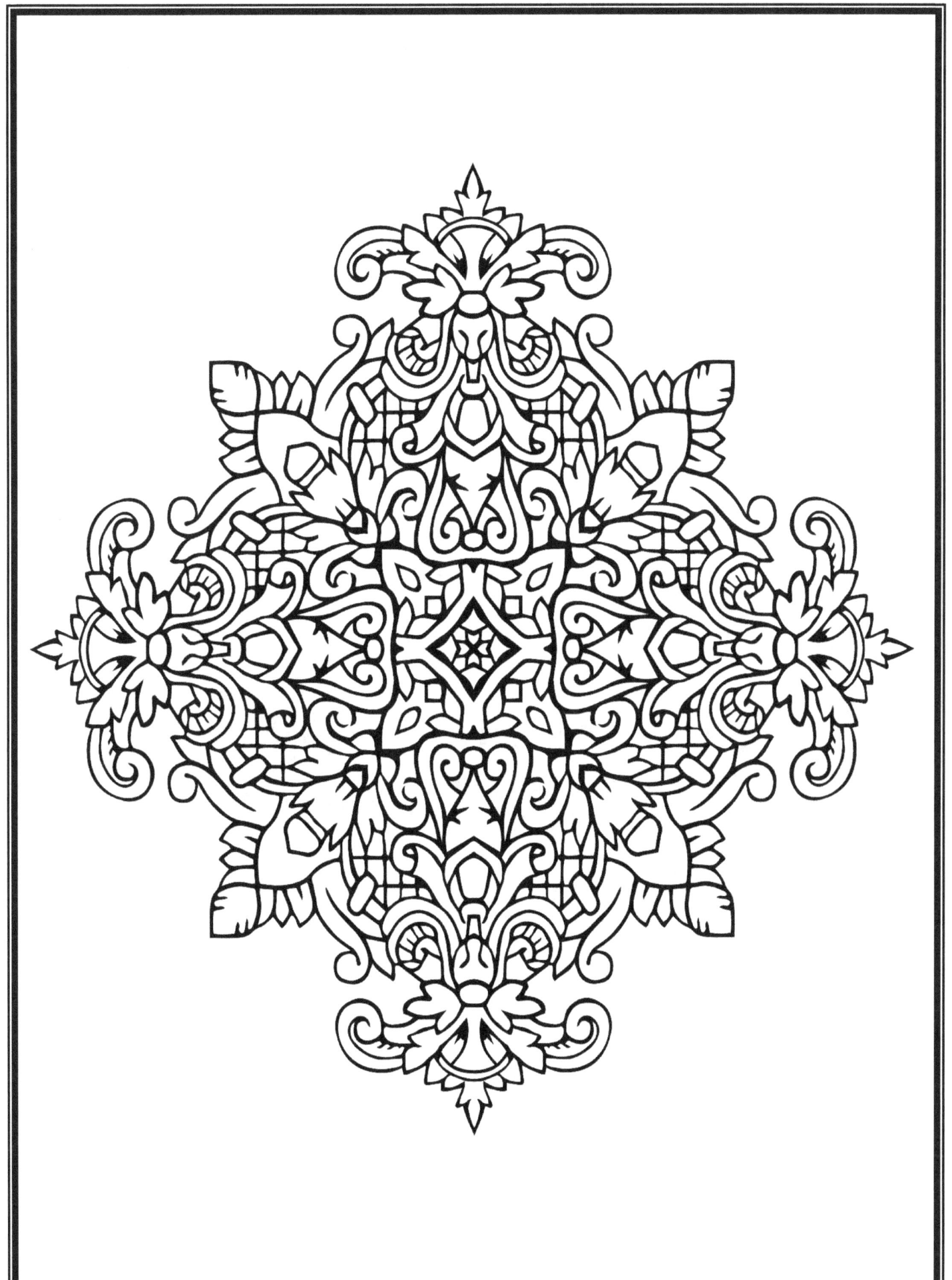

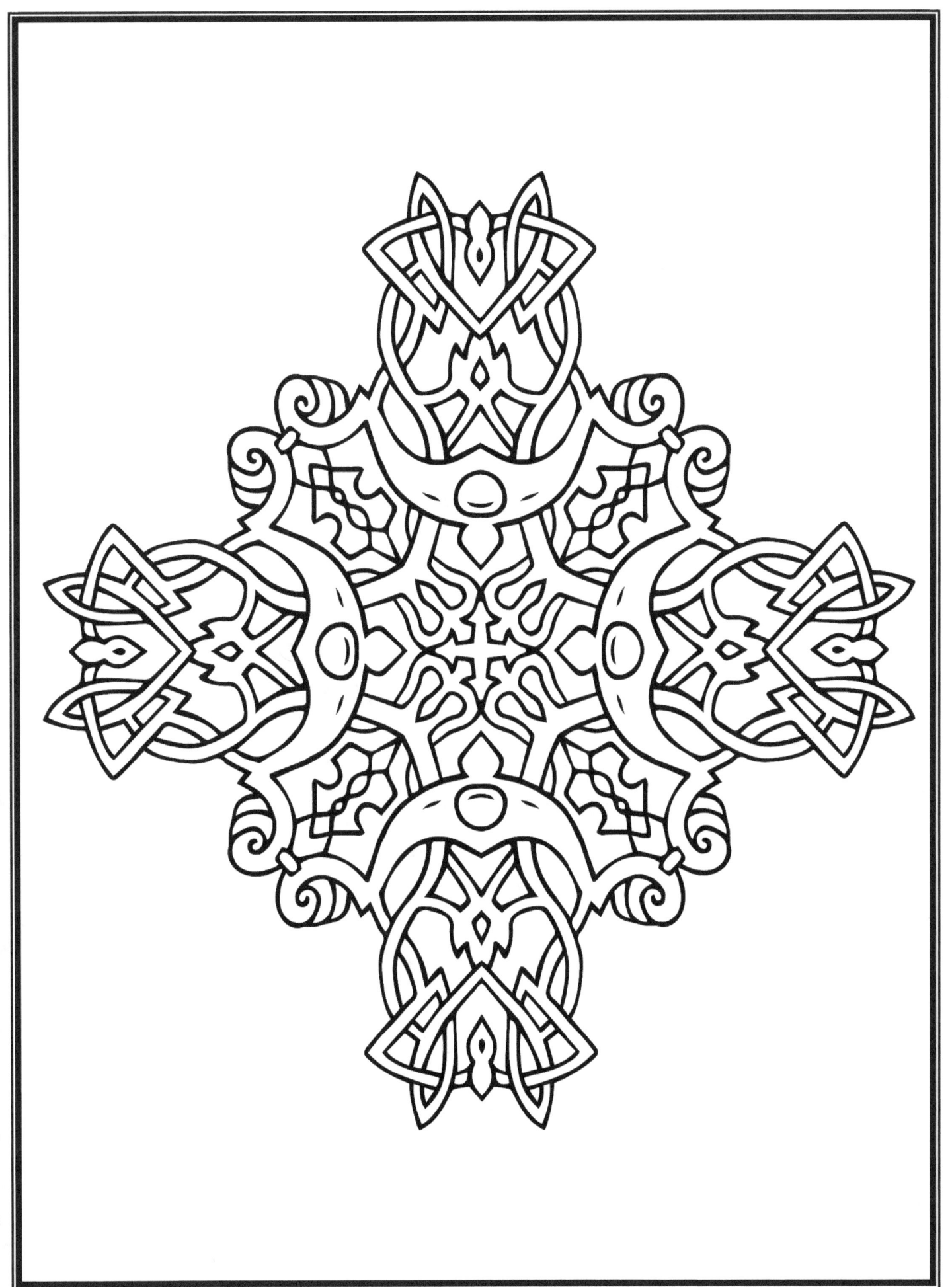

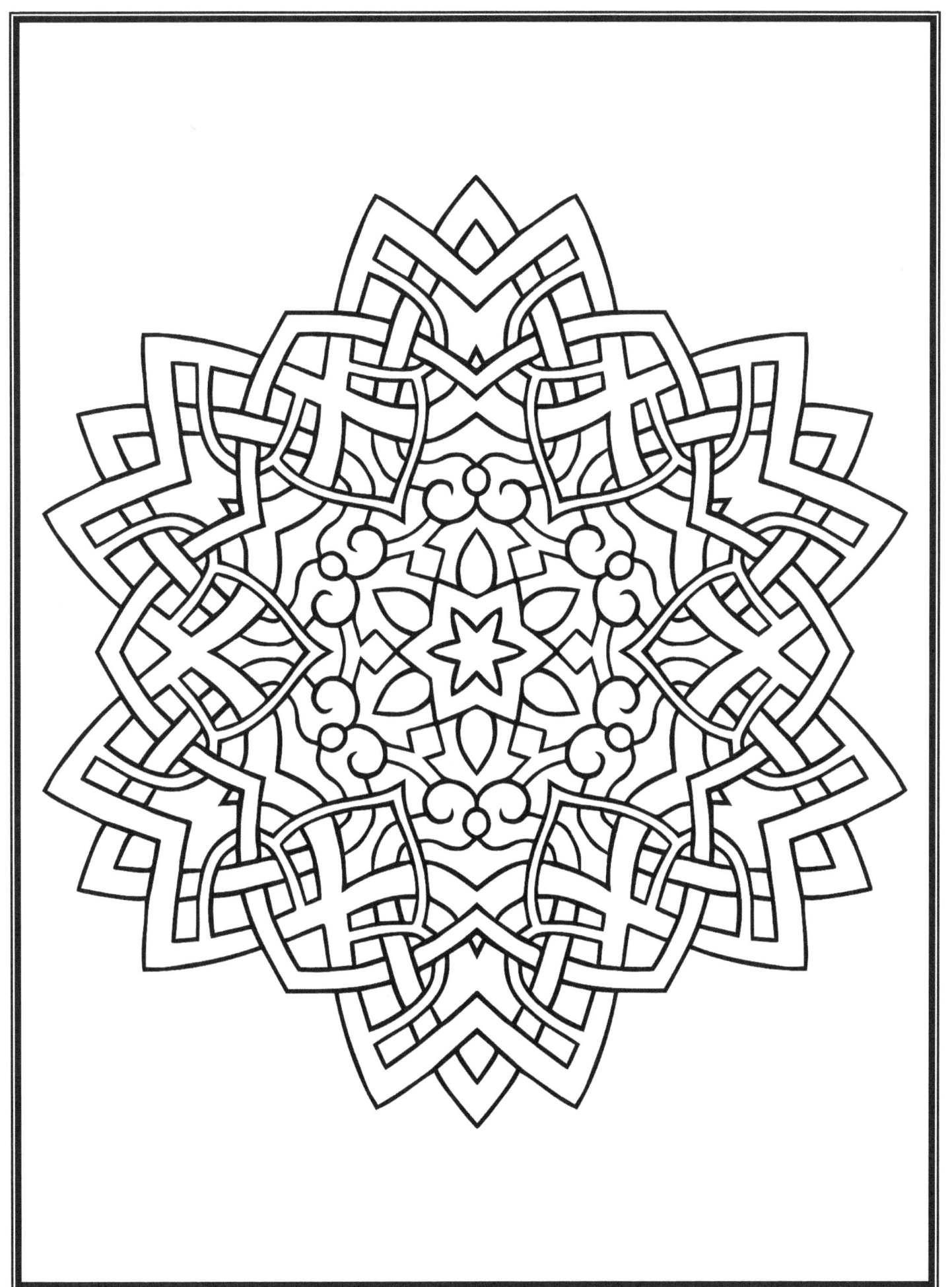

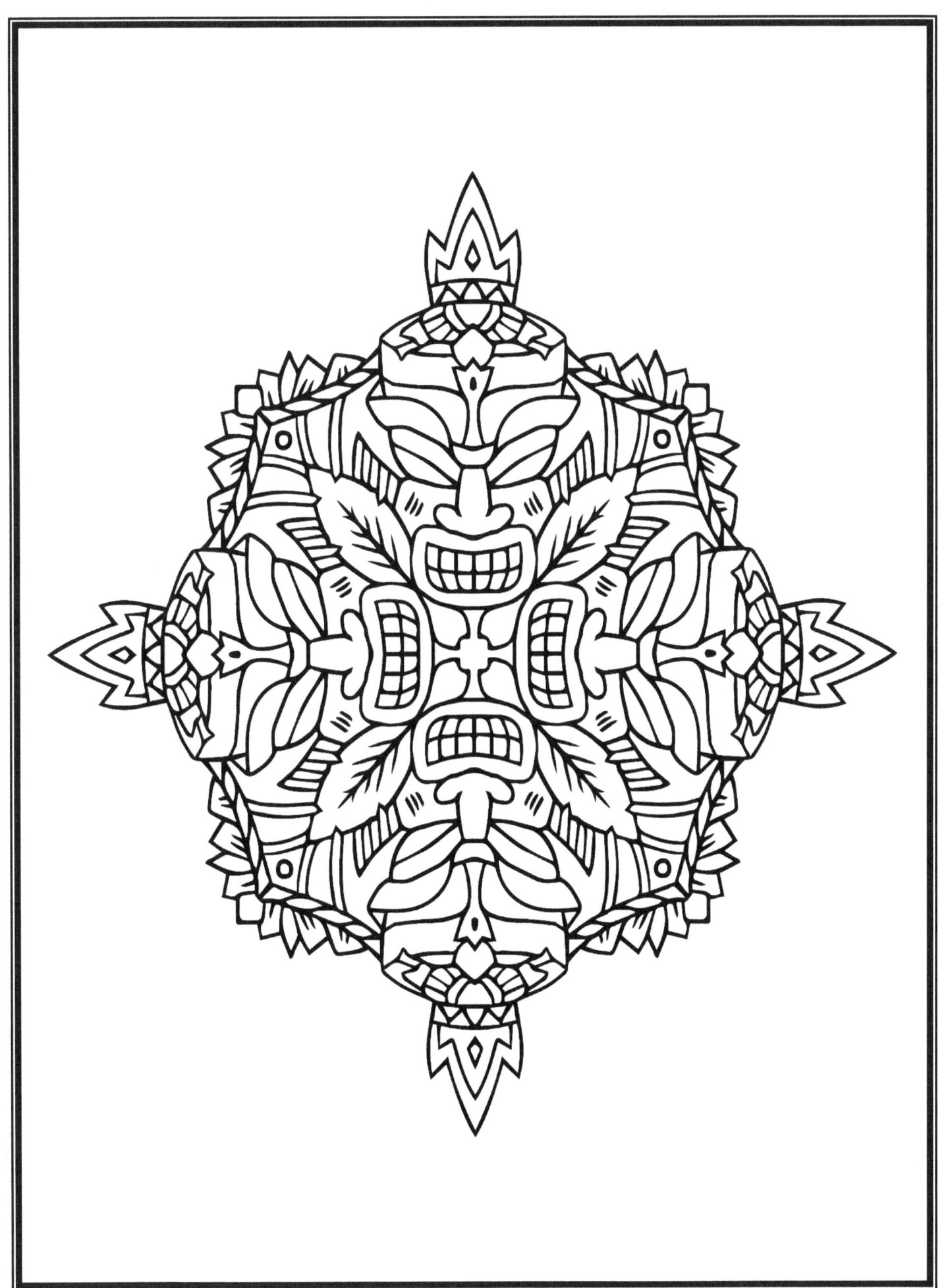

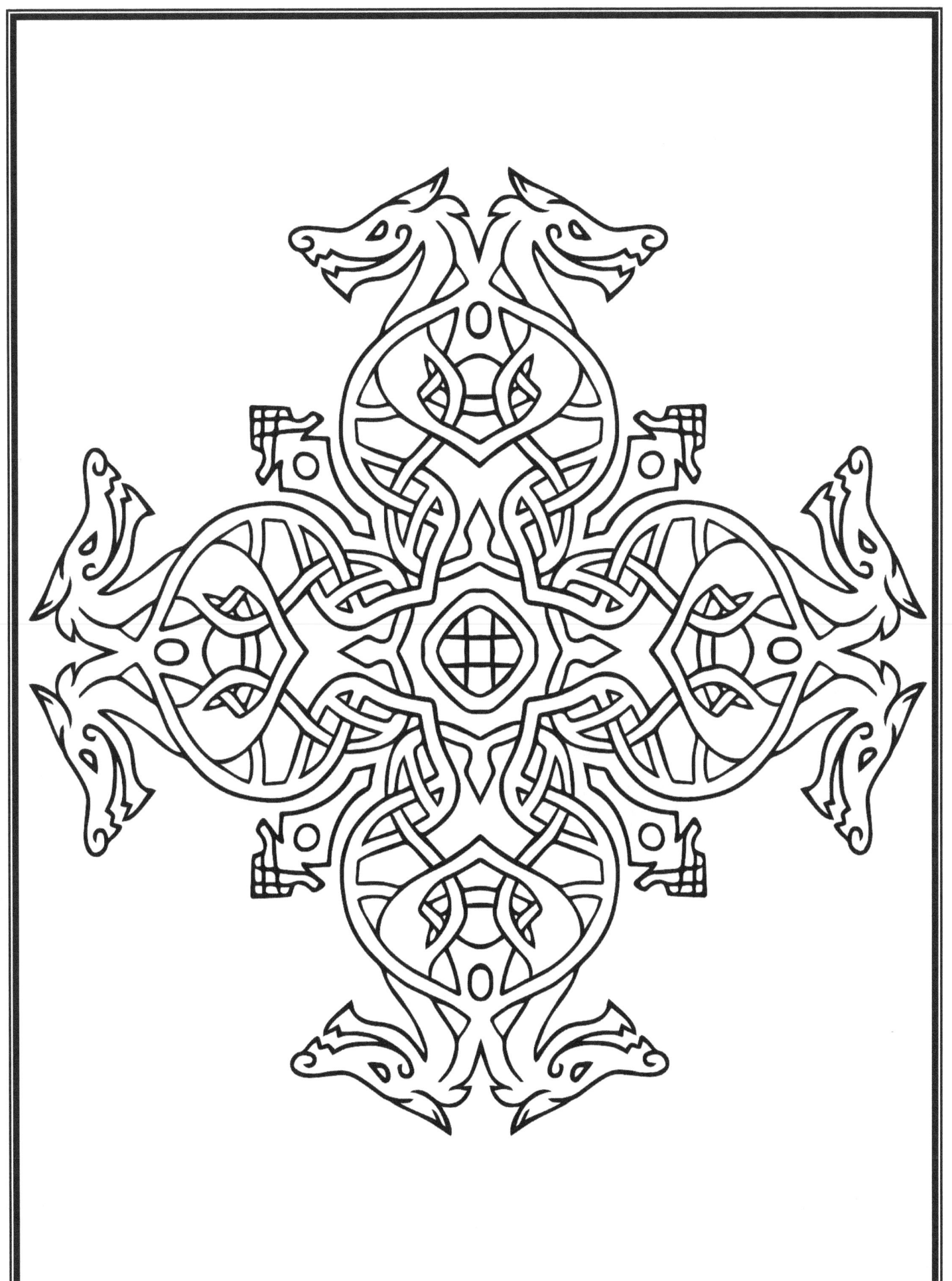

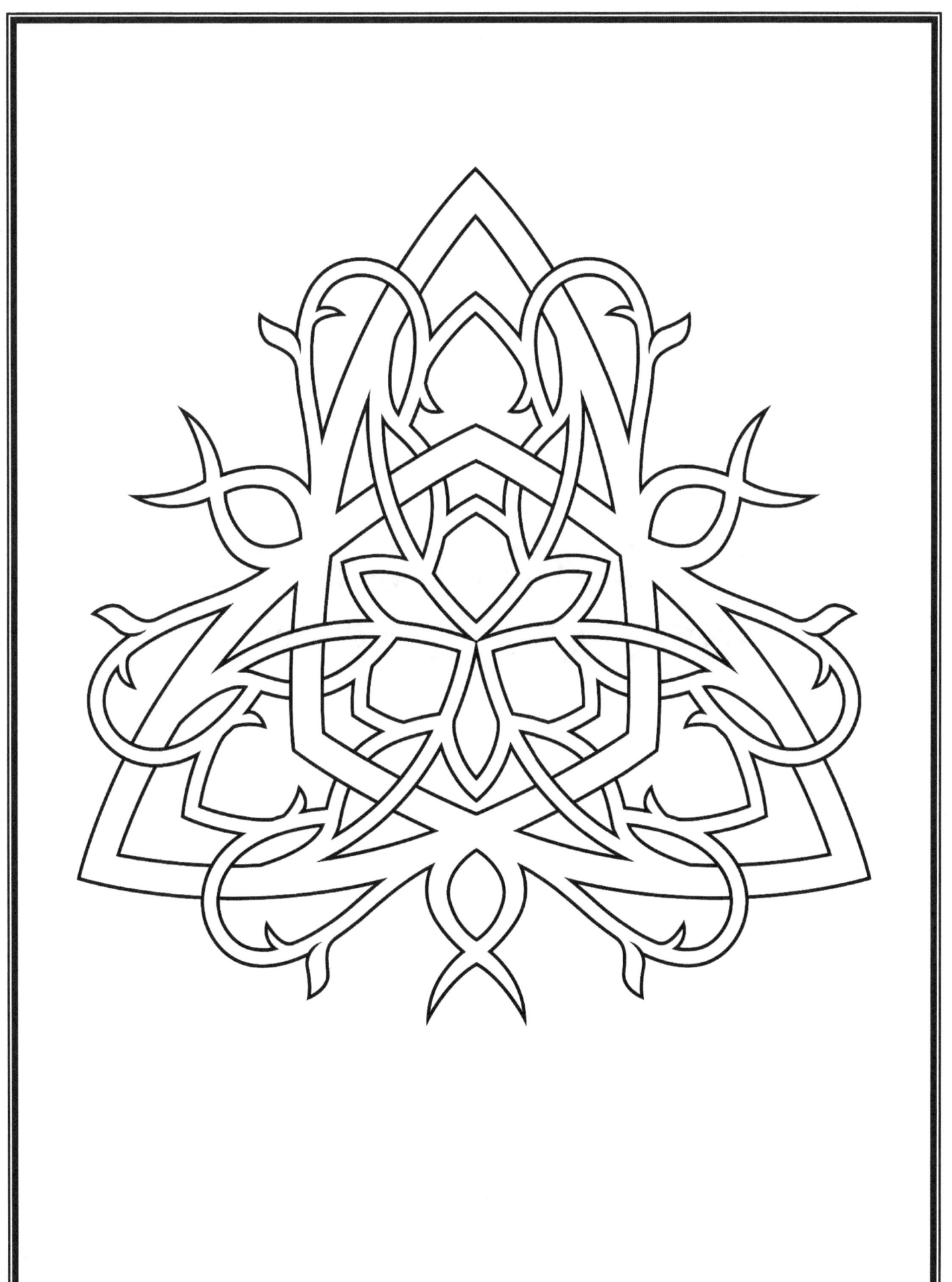

10 ANIMAL MANDALAS COLORING PAGE START NEXT PAGE

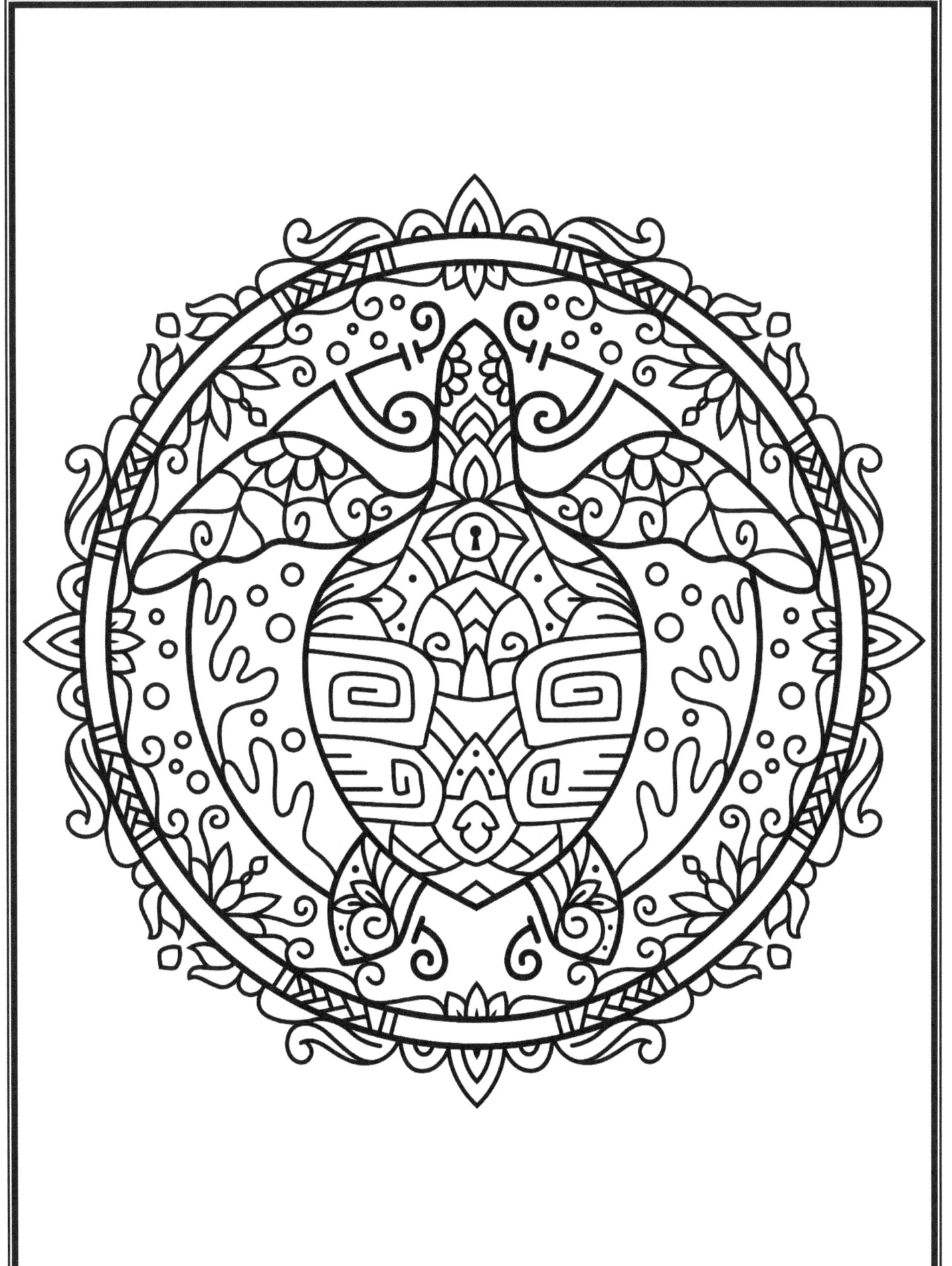

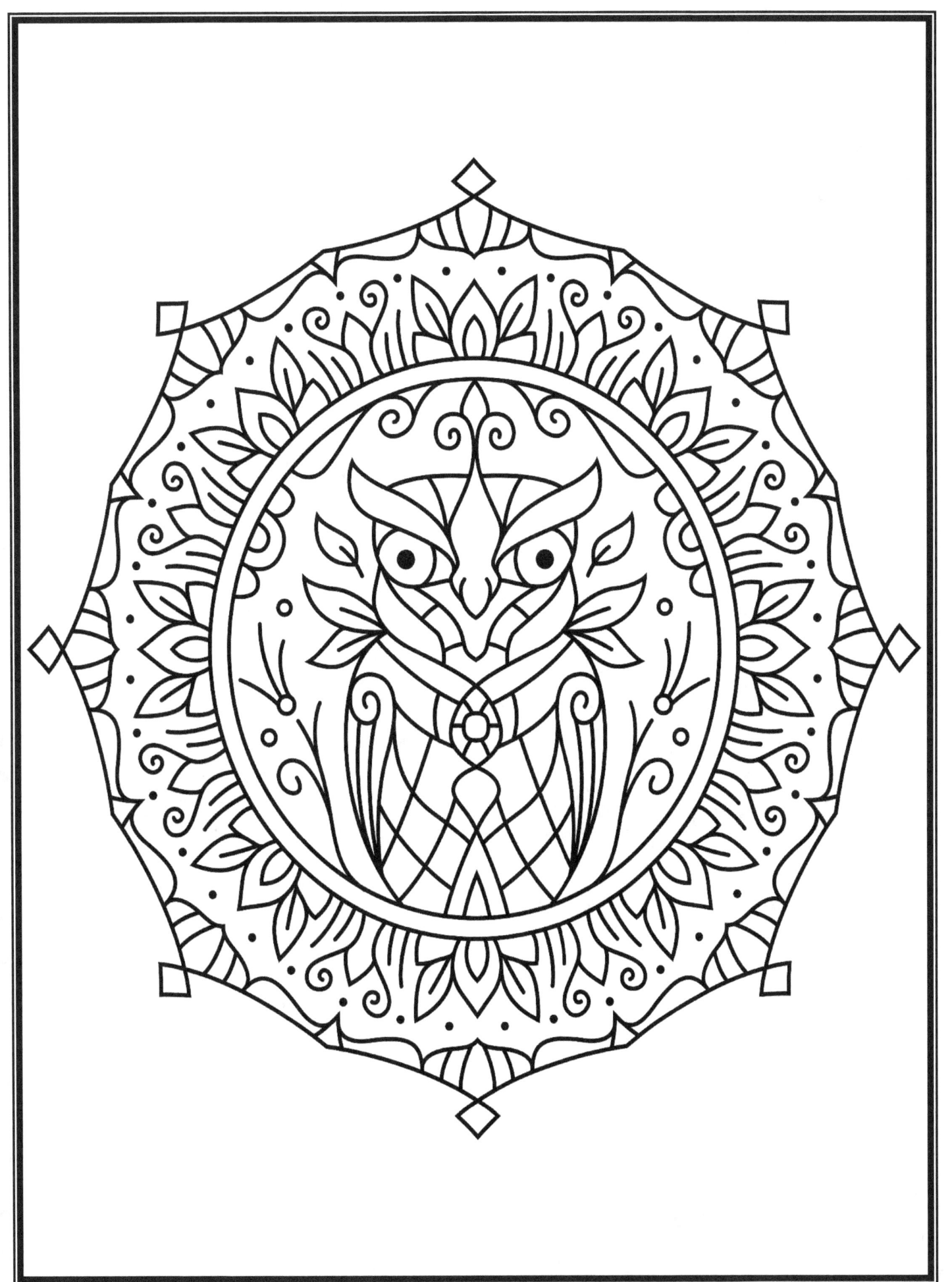

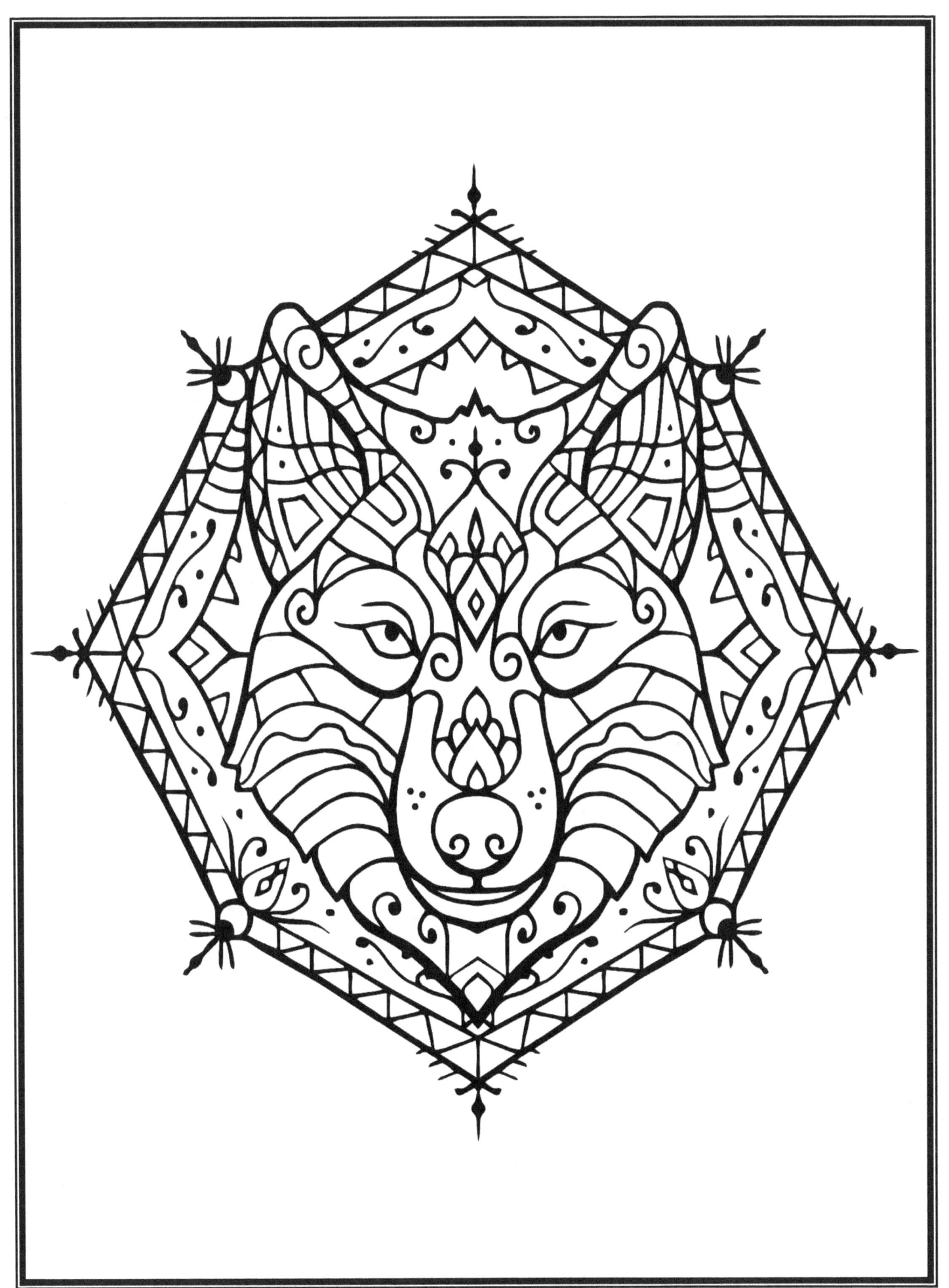

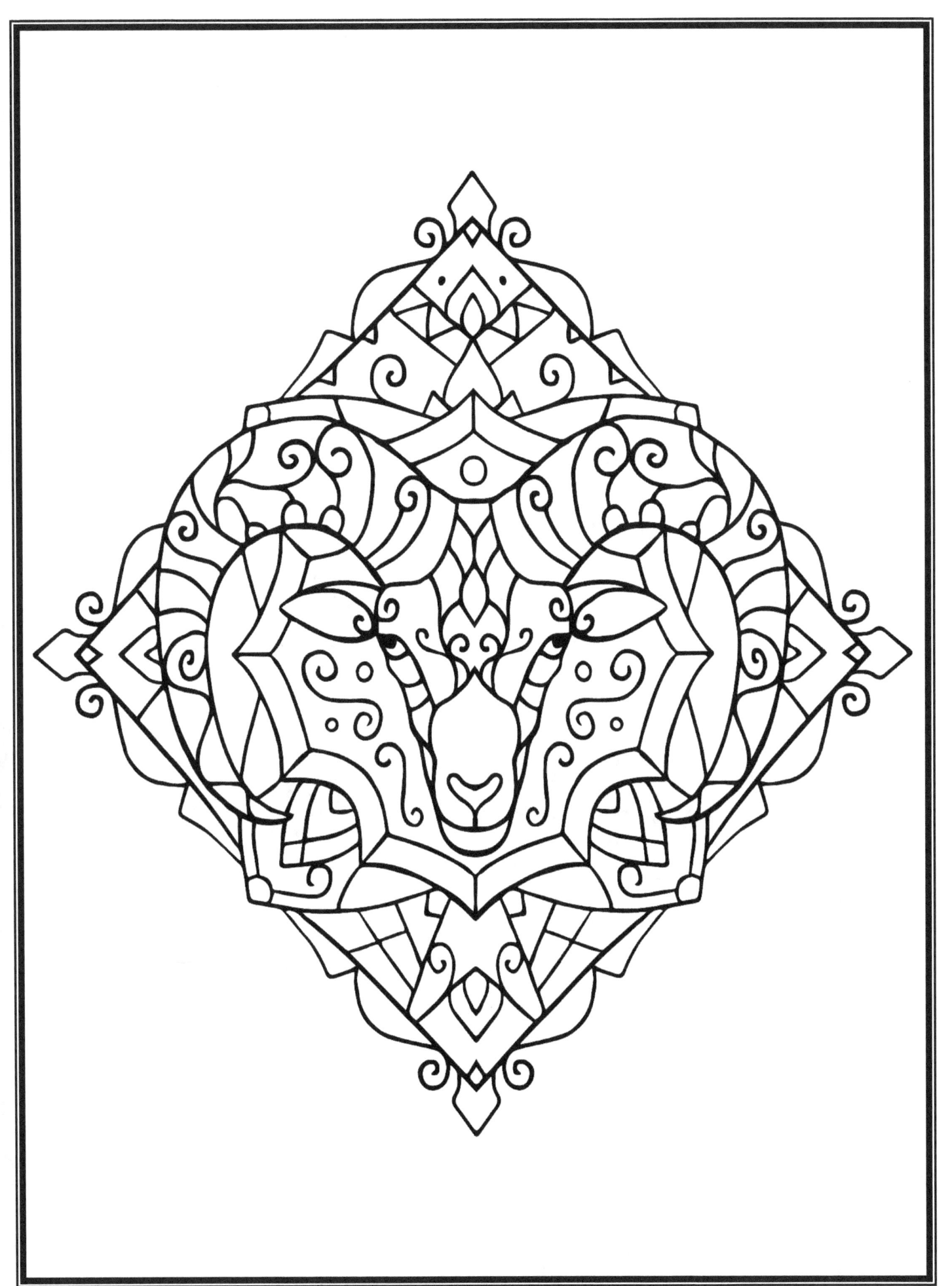

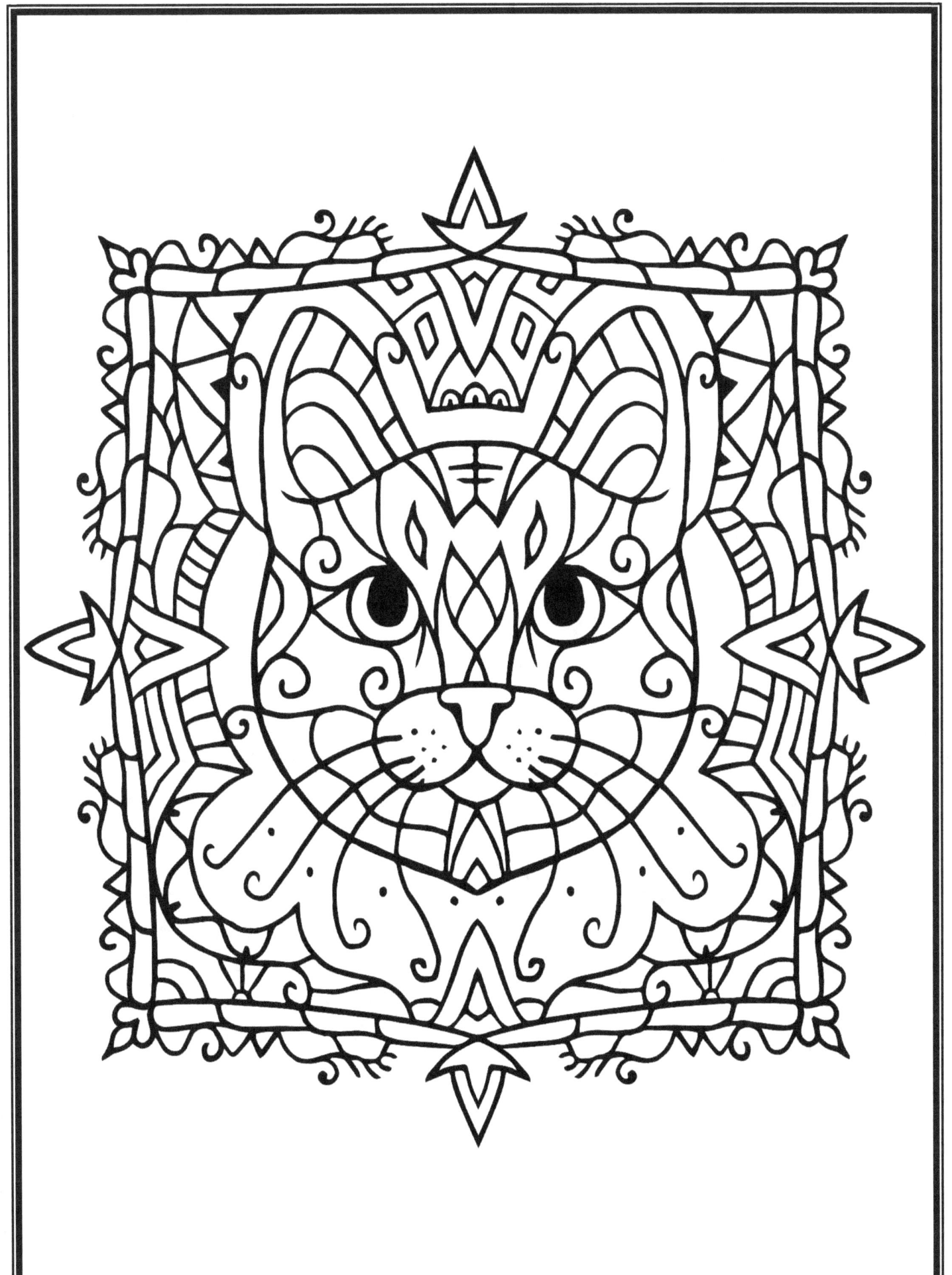

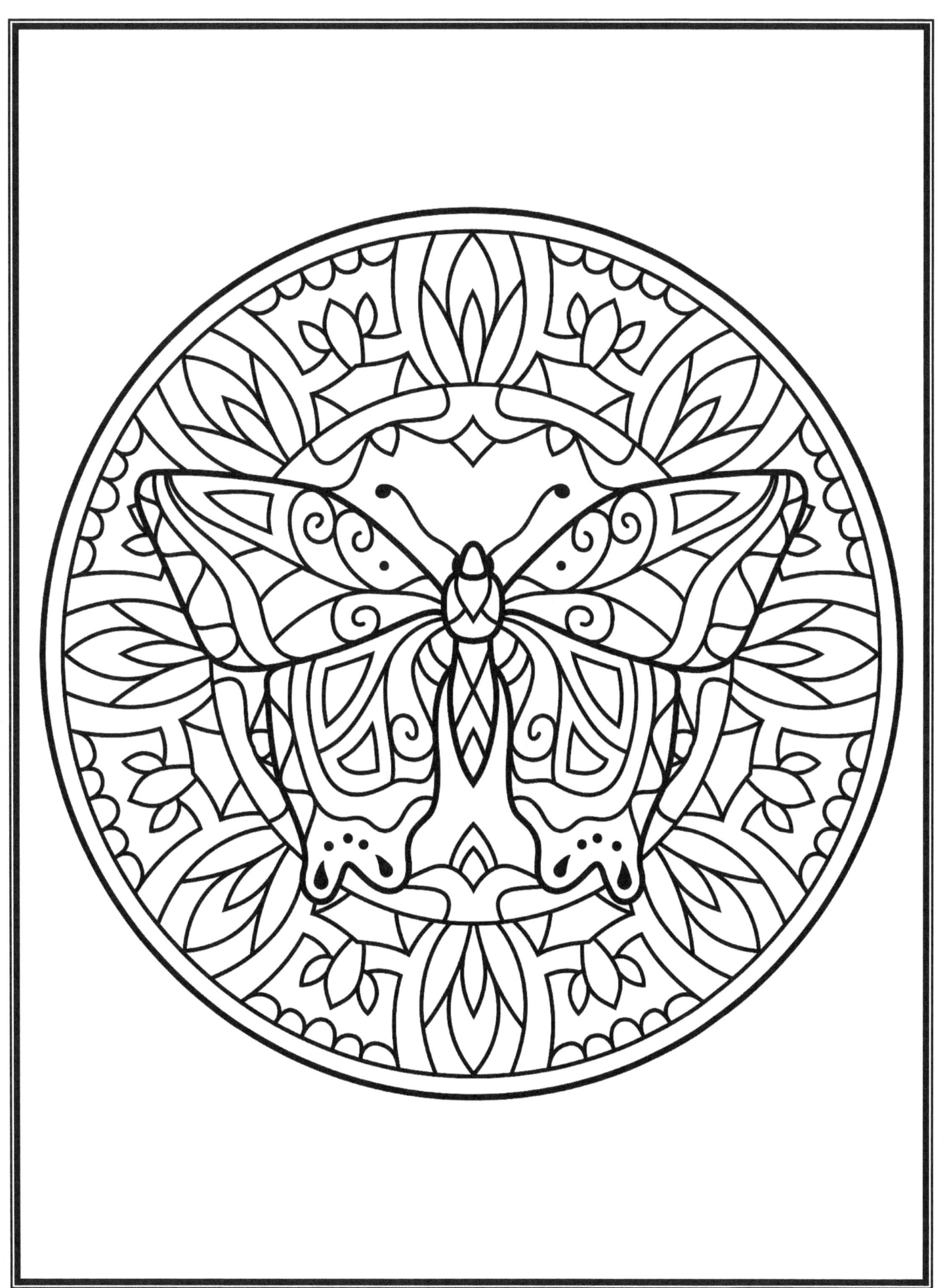

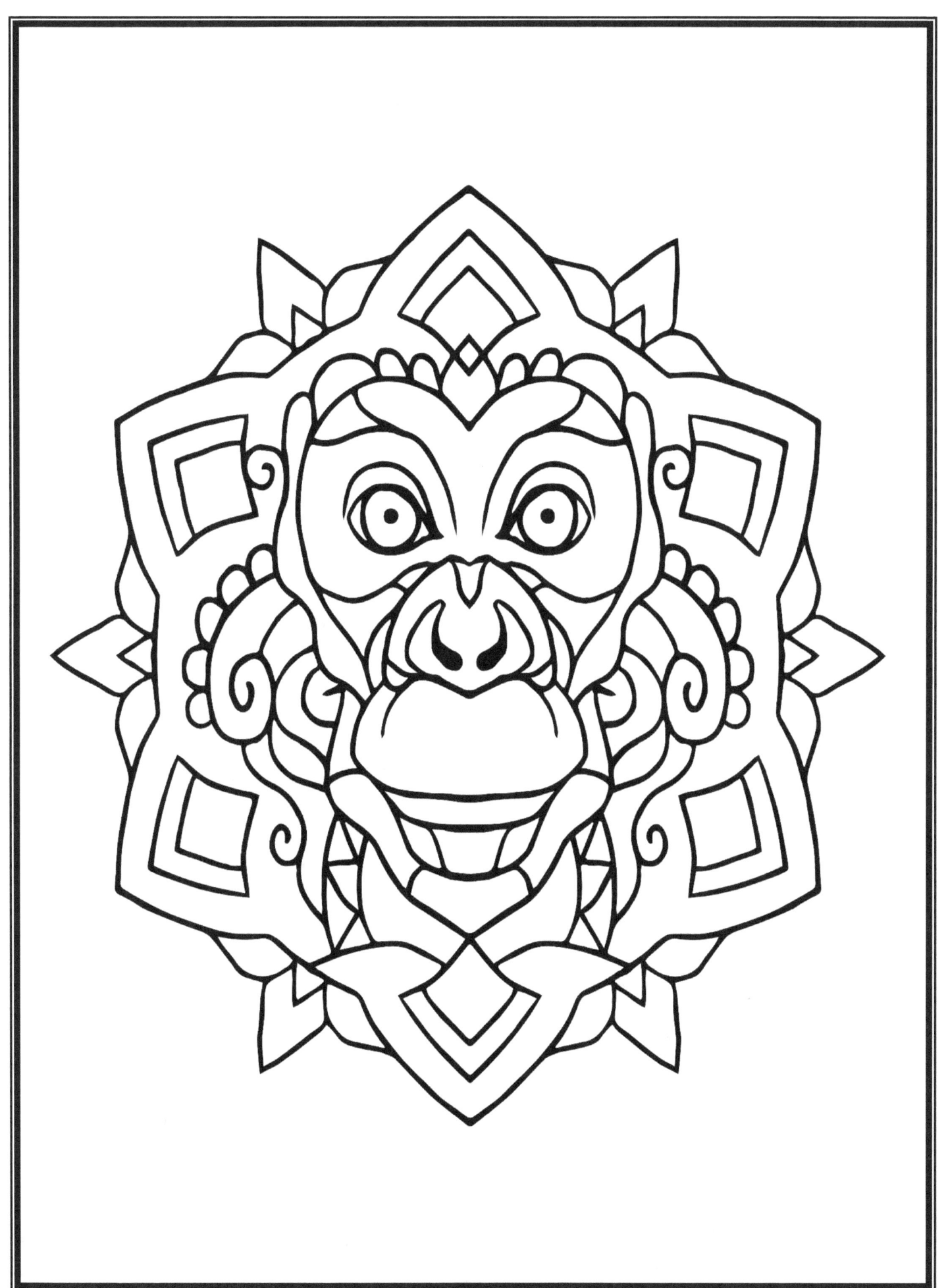

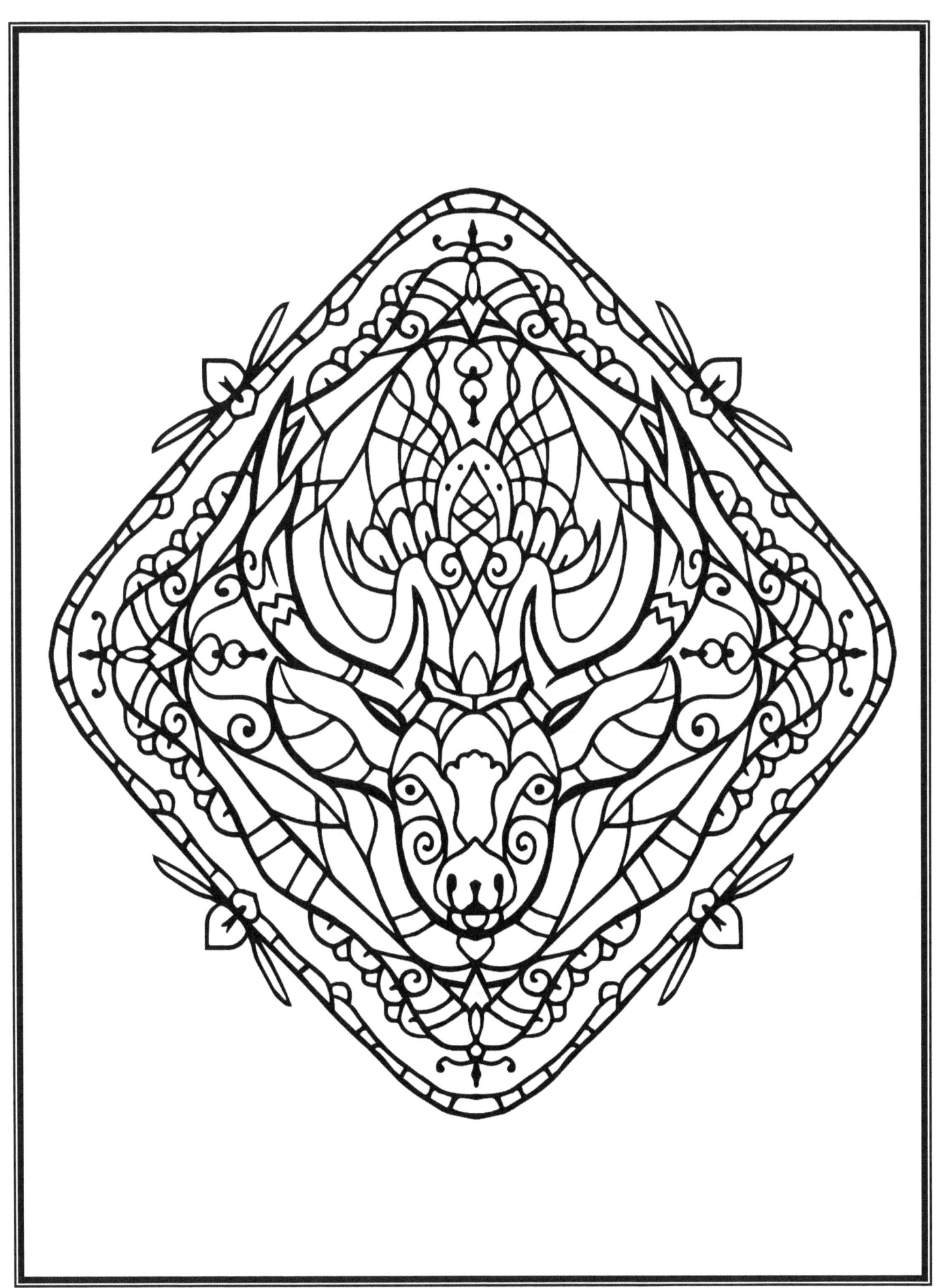

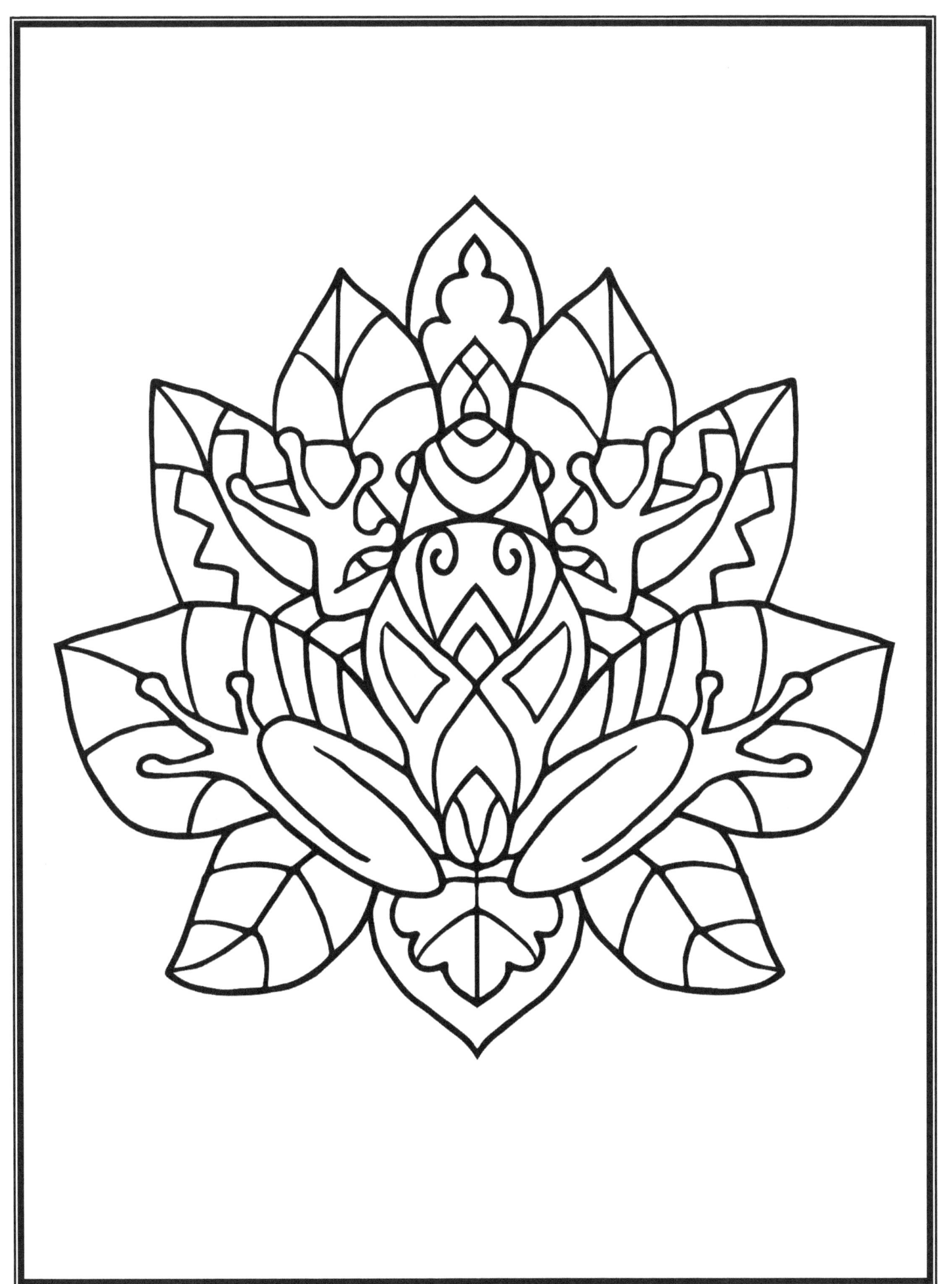

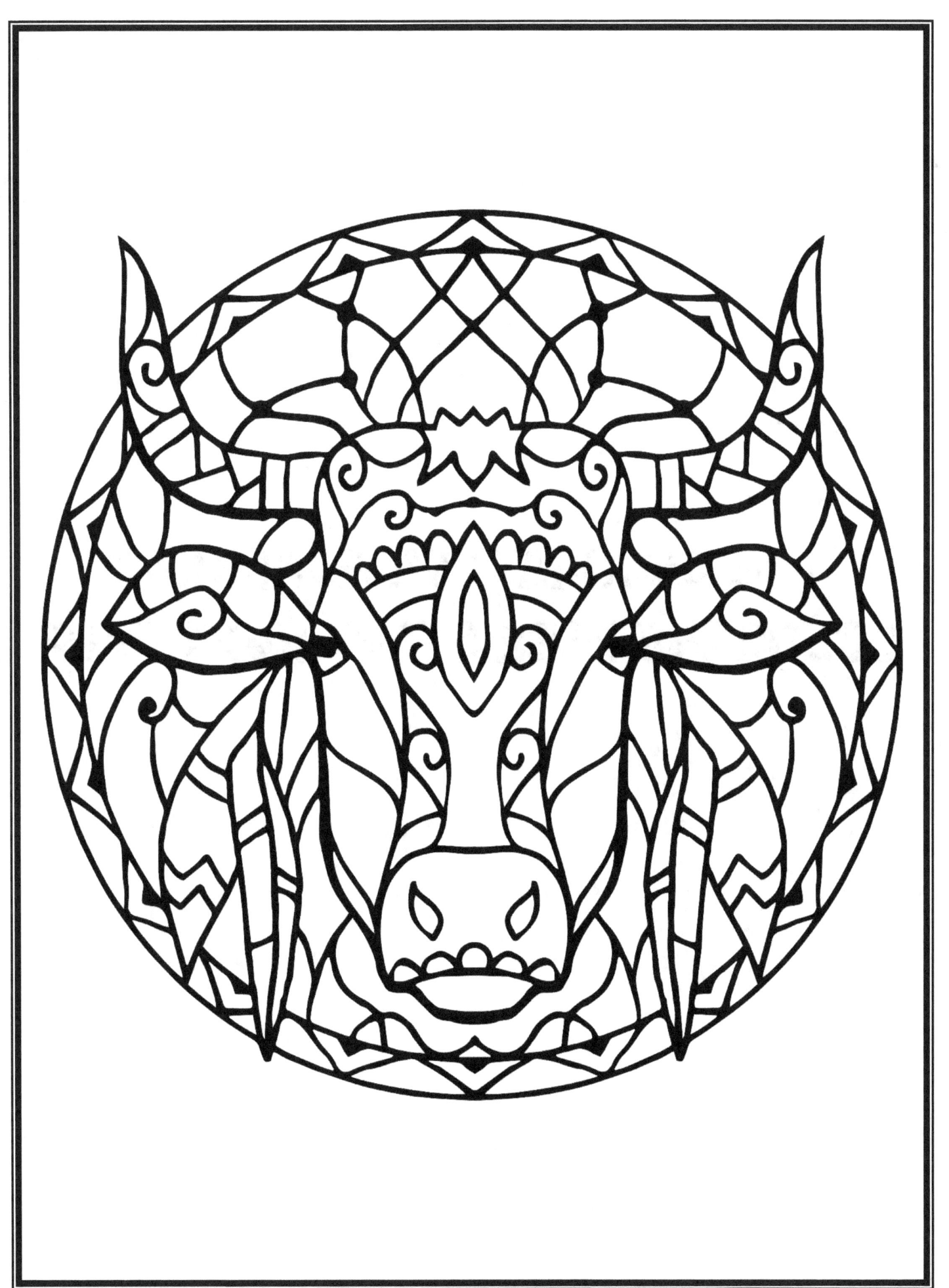

10 DECORATIVE MANDALAS COLORING PAGE START NEXT PAGE

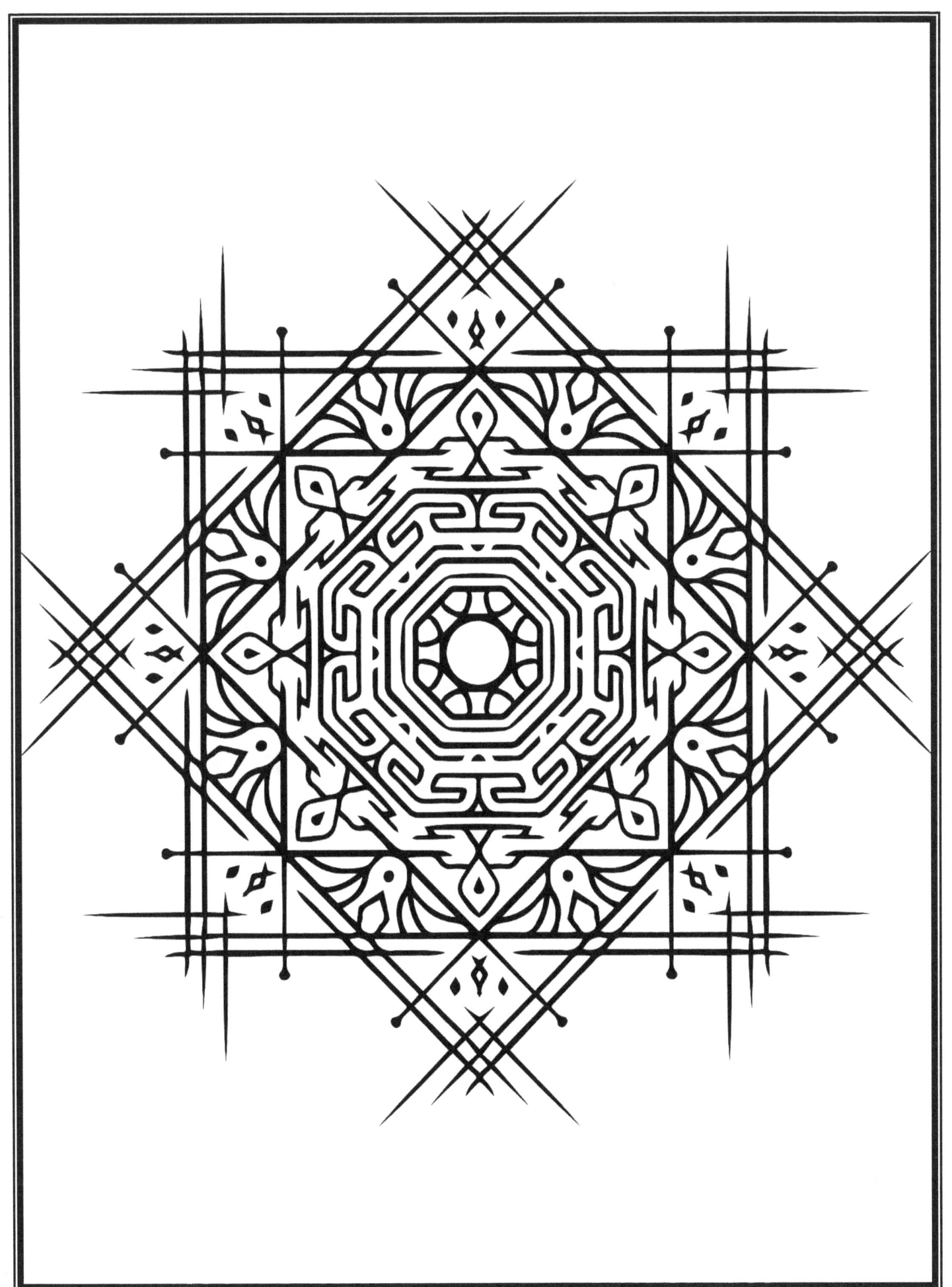

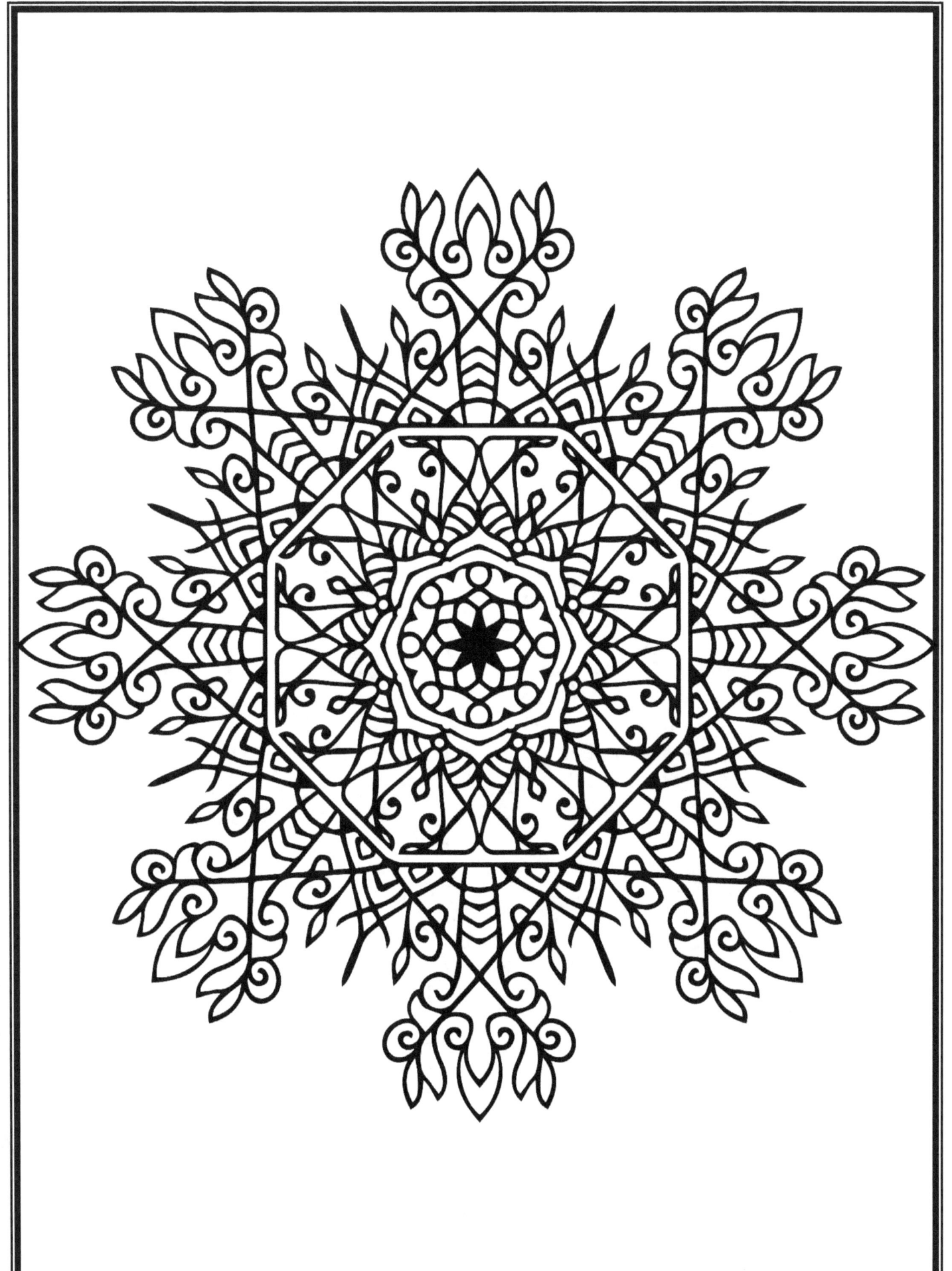

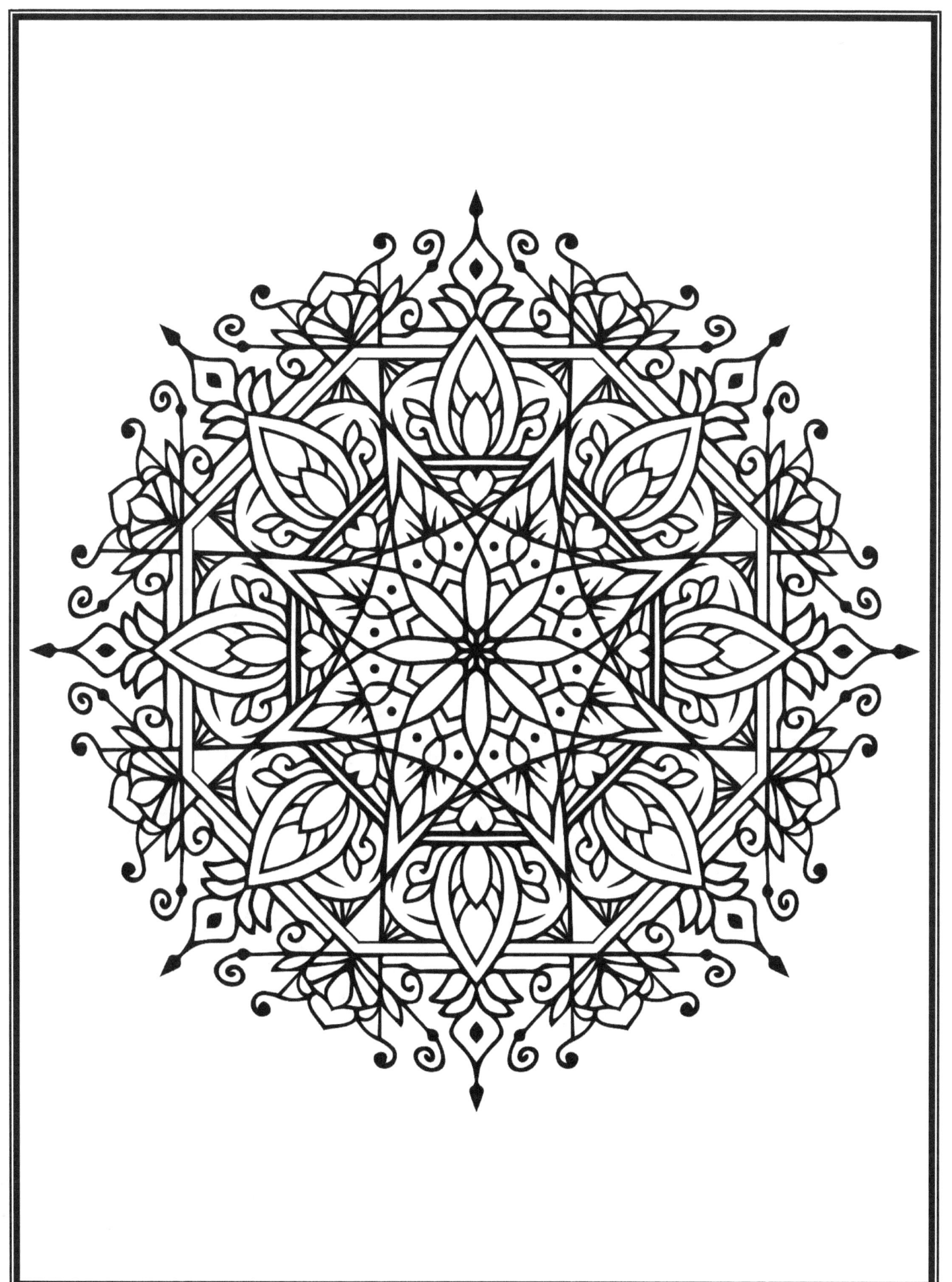

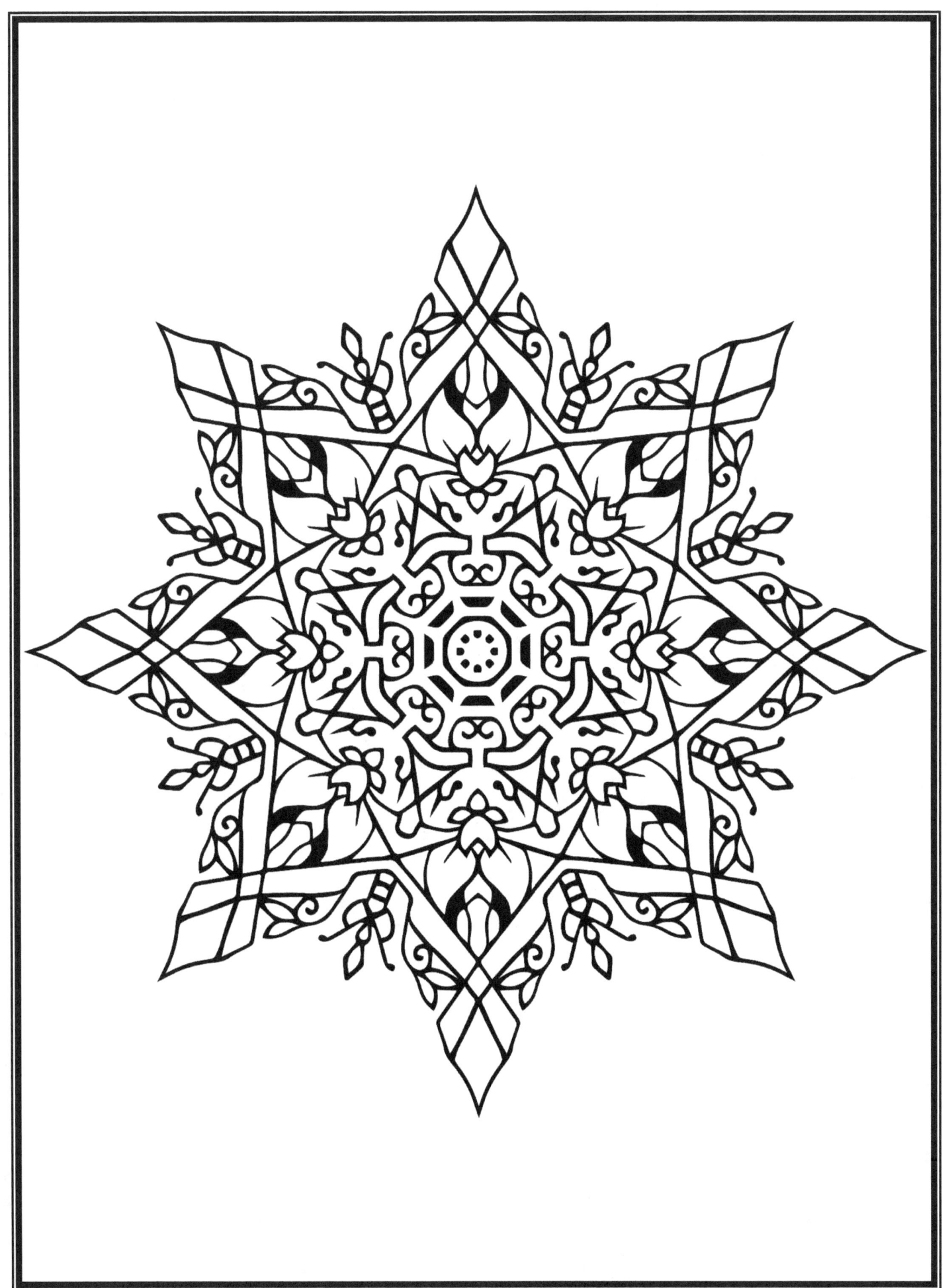

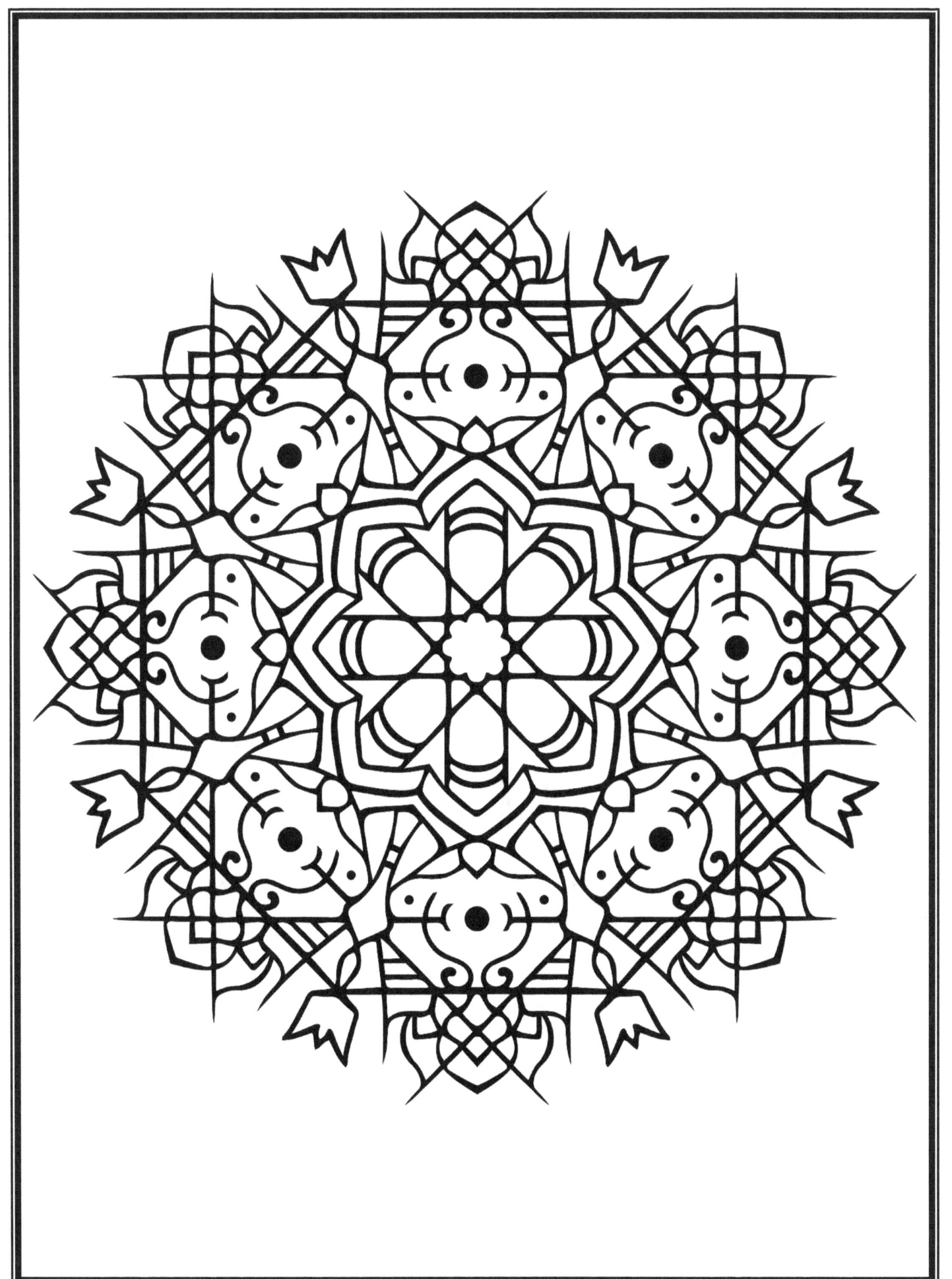

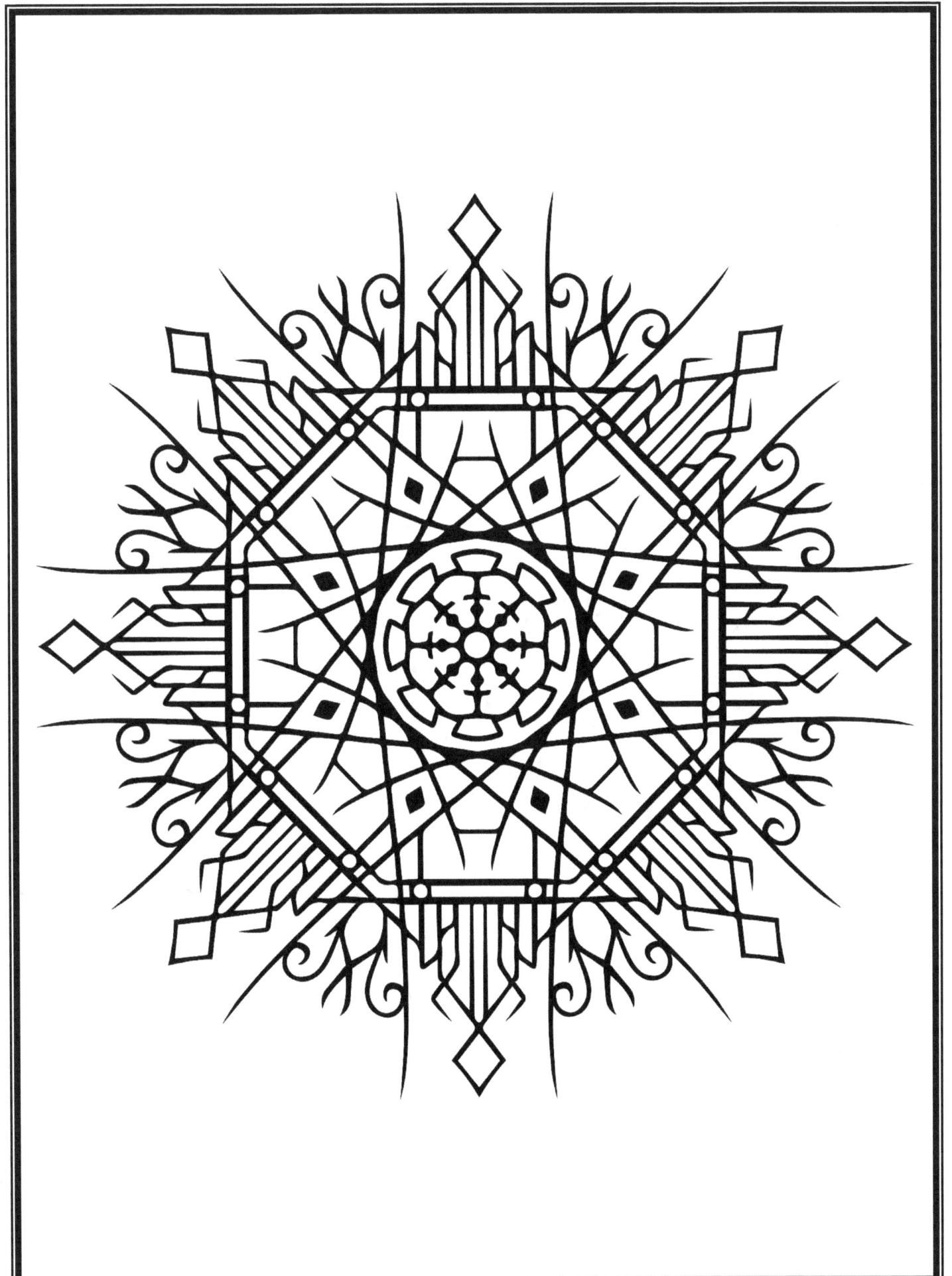

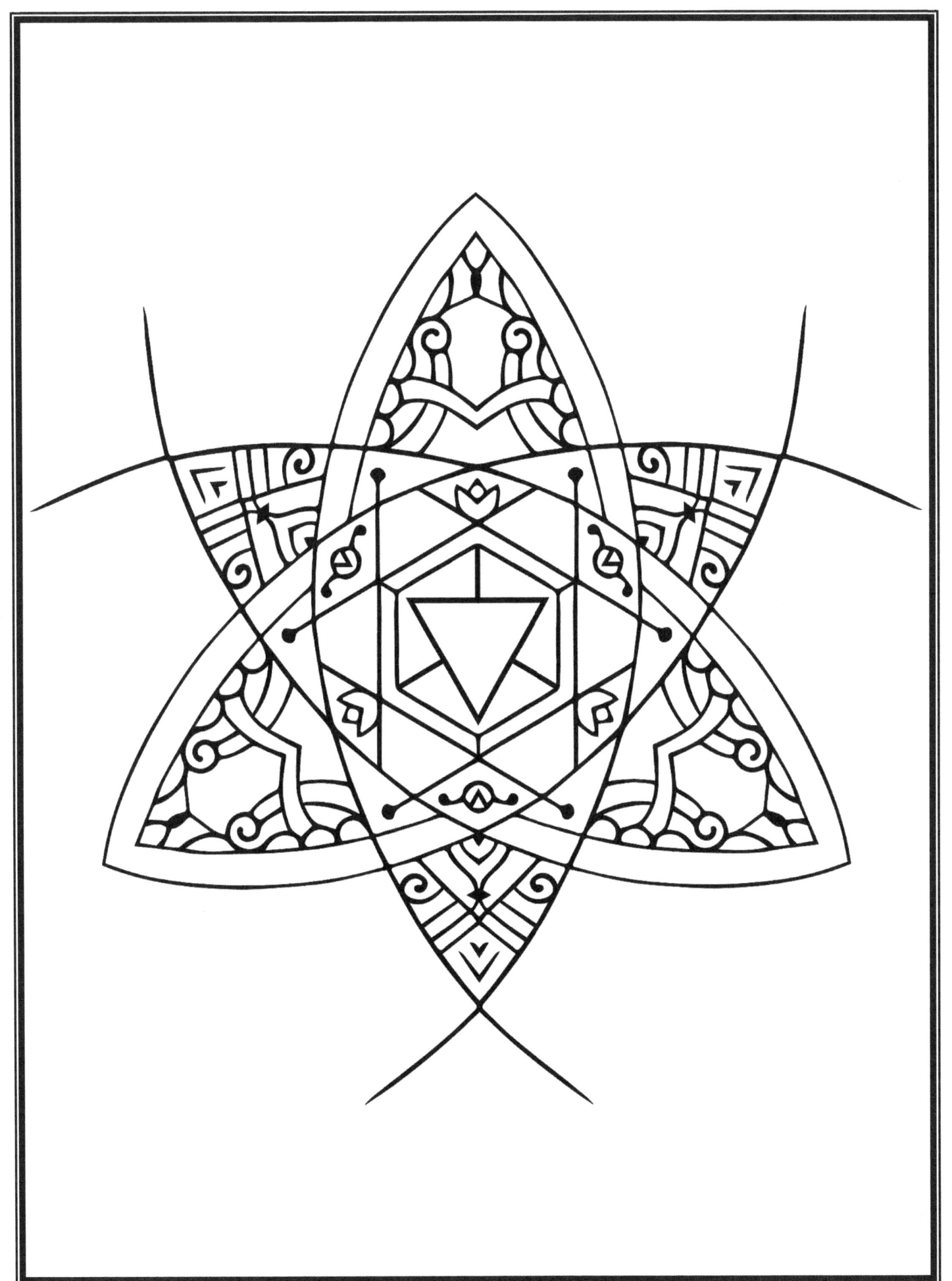

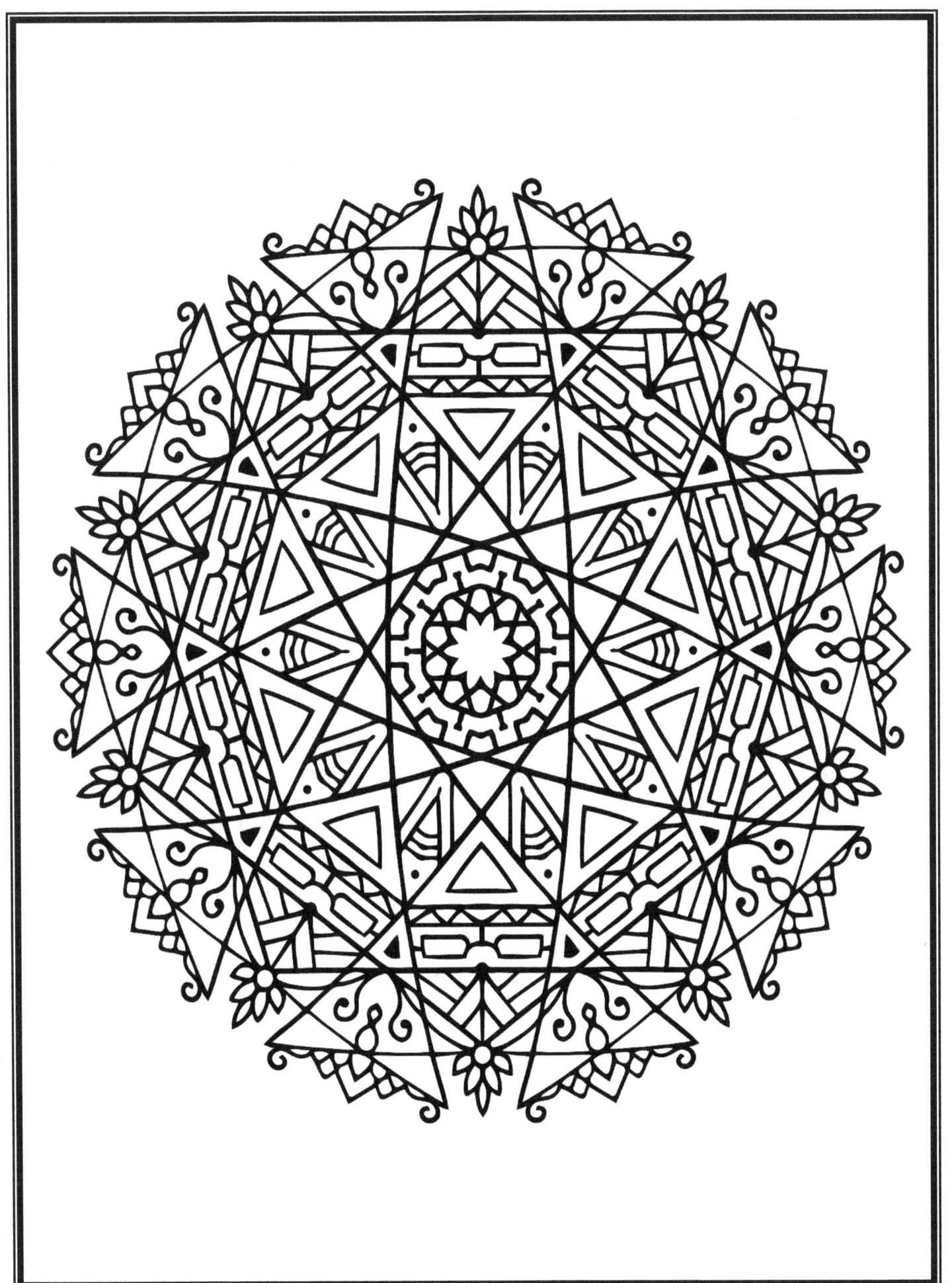

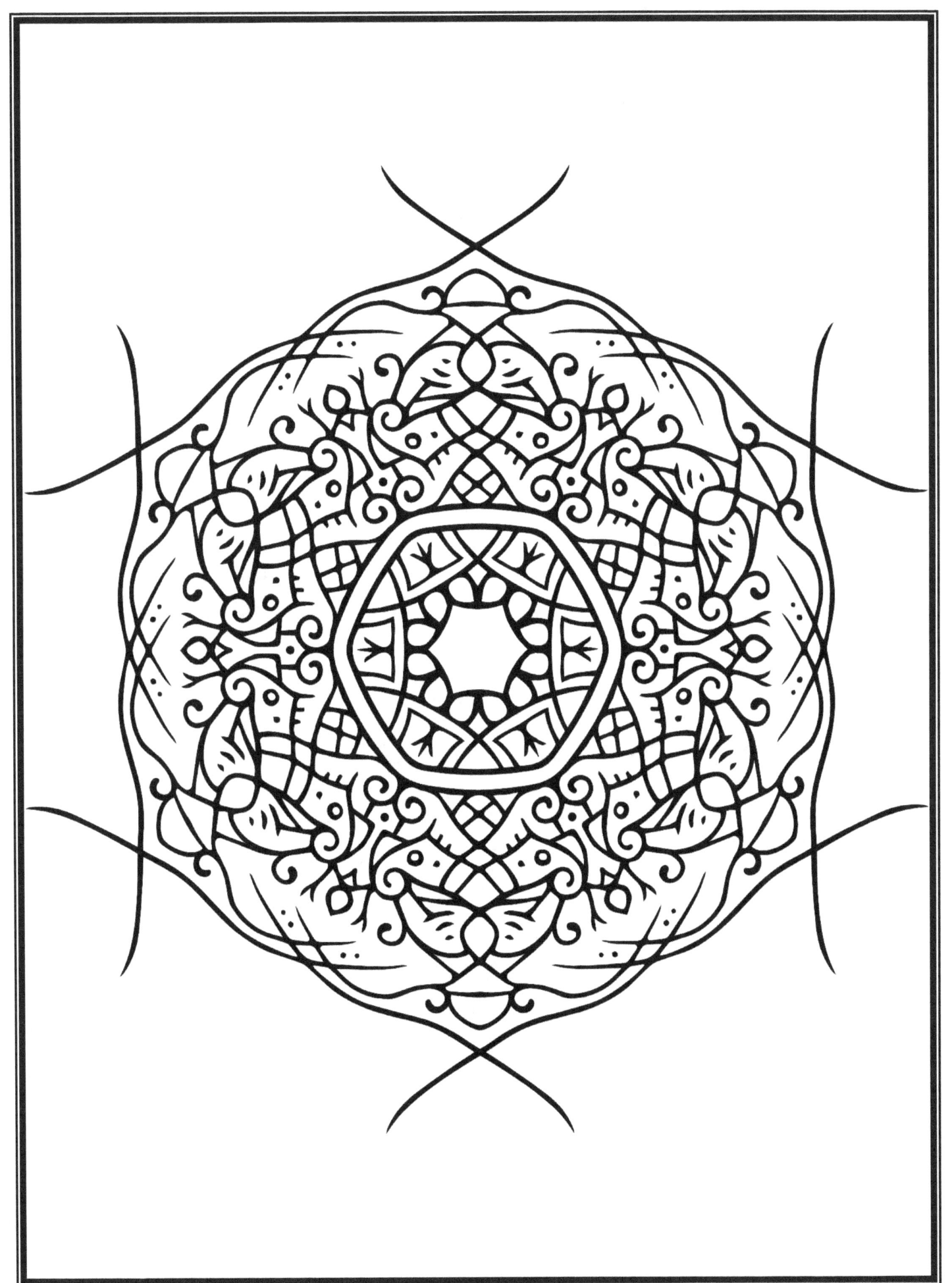

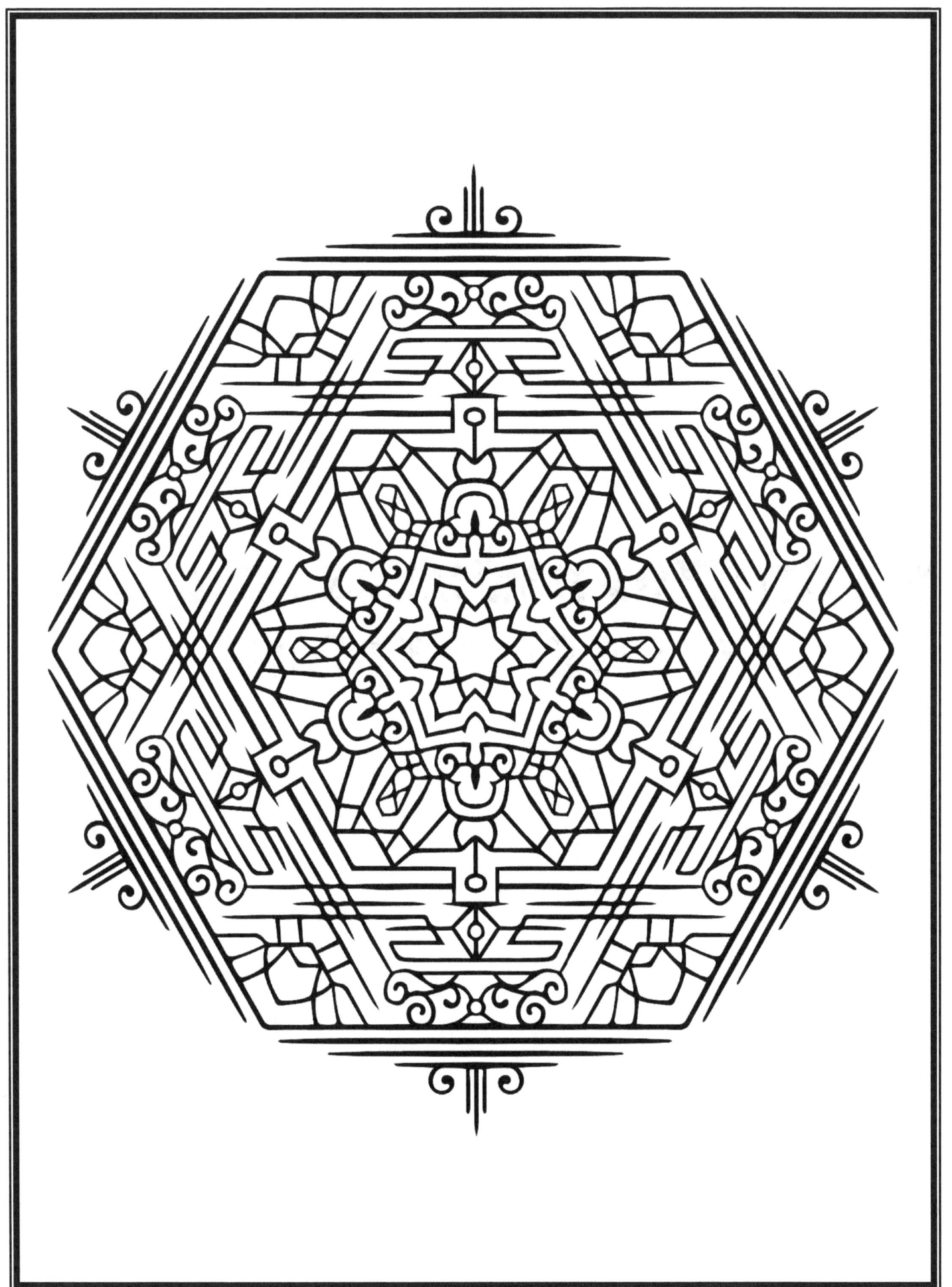

10 EGYPTION MANDALAS COLORING PAGE START NEXT PAGE

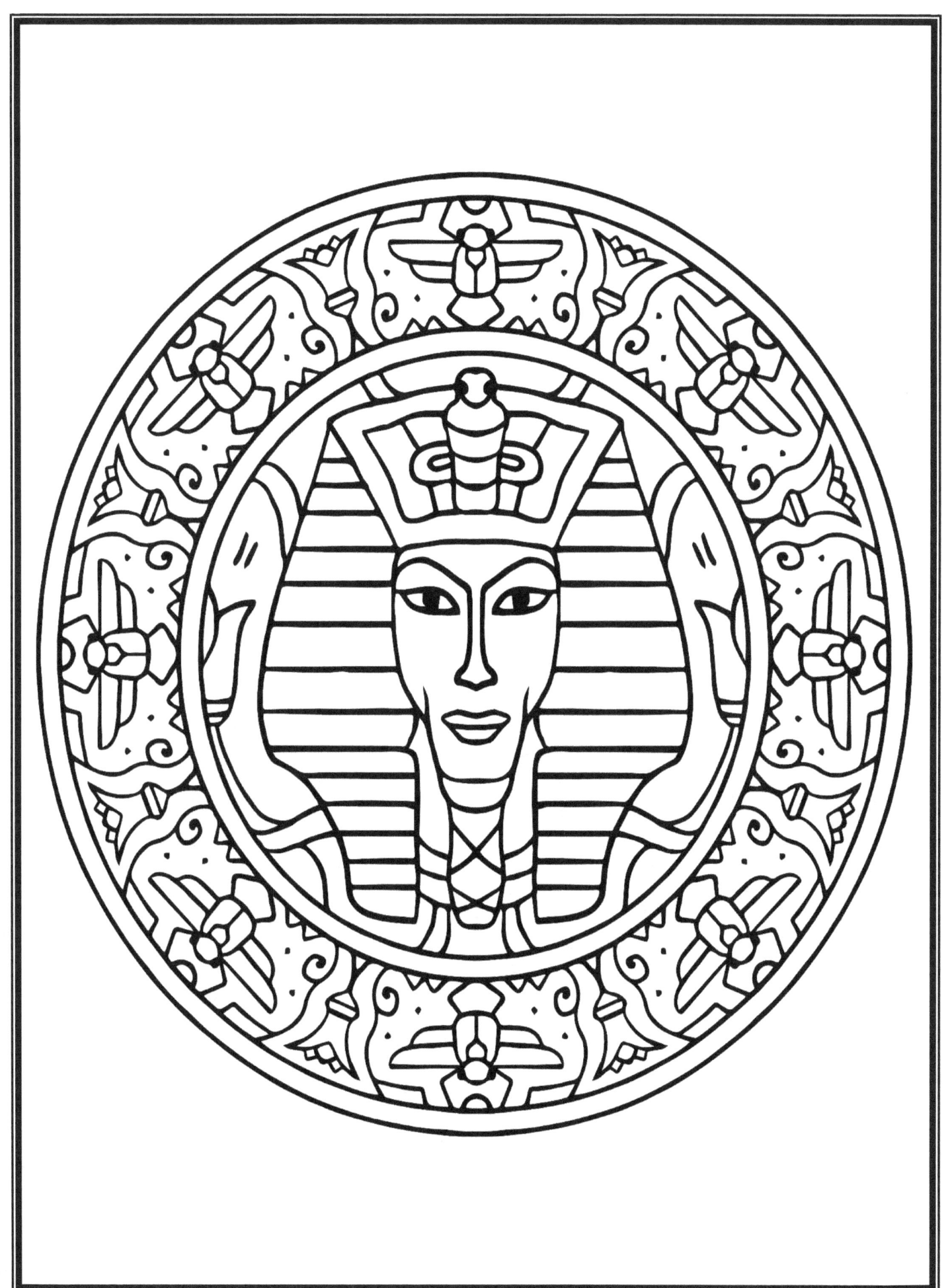

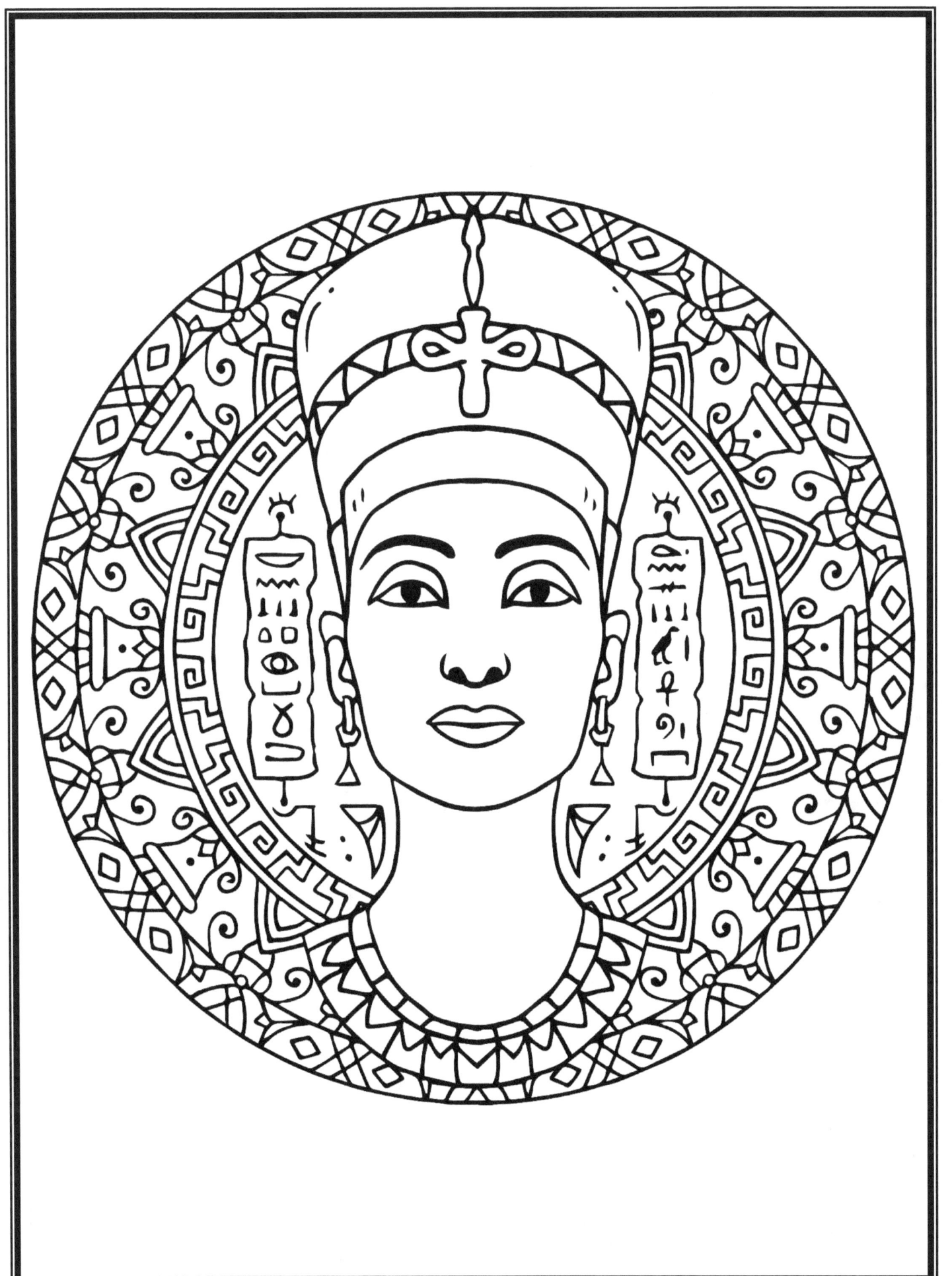

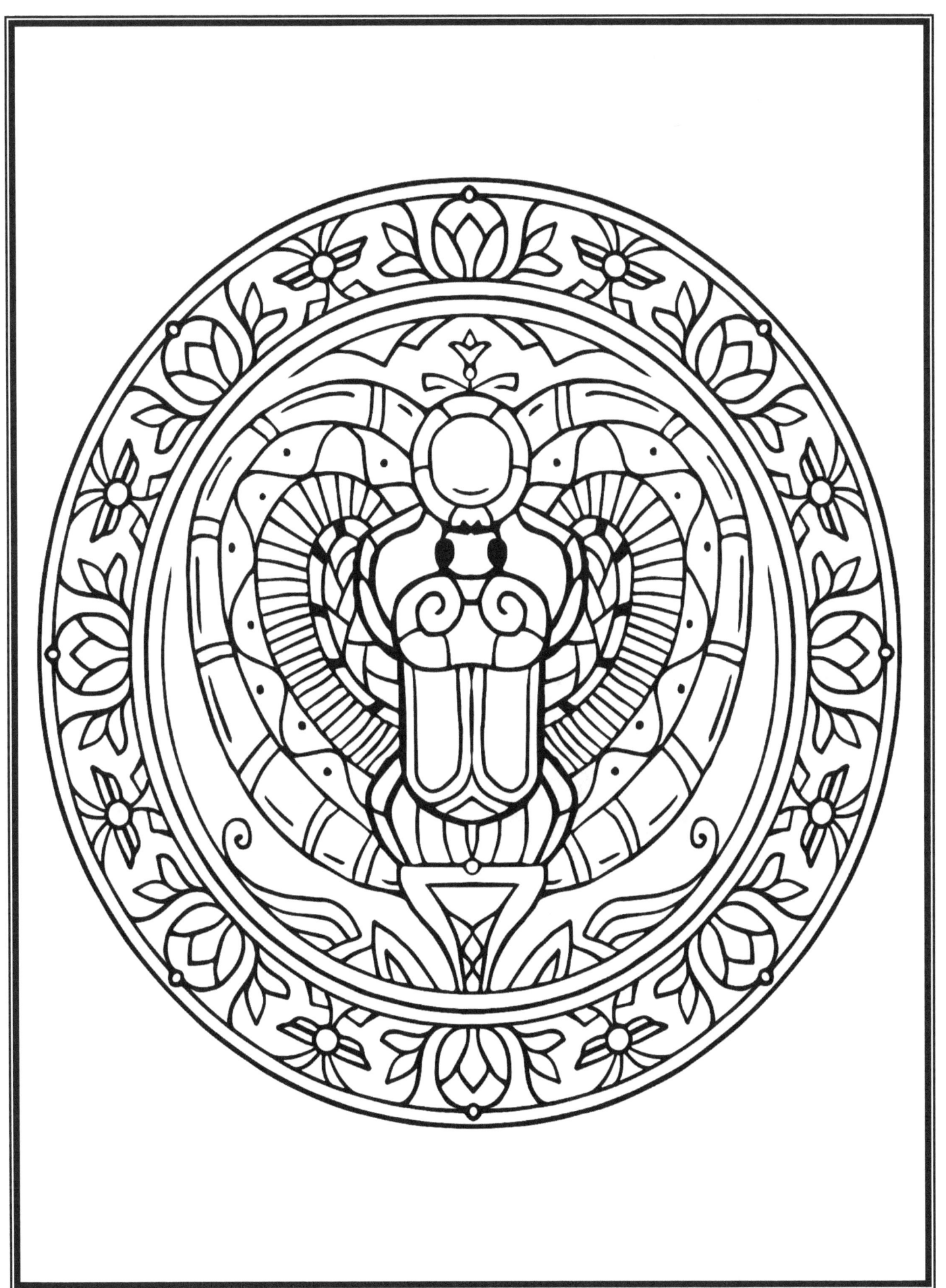

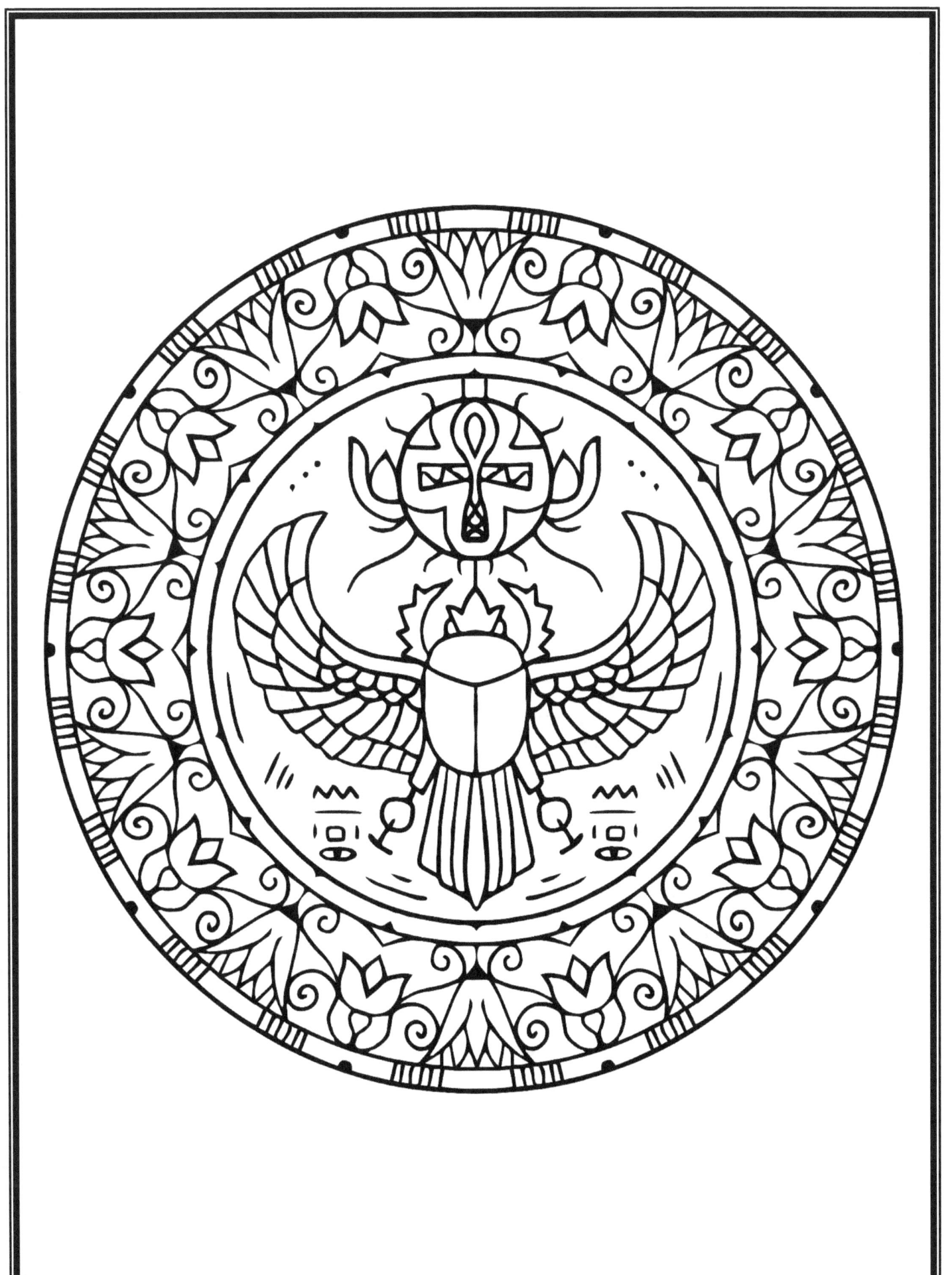

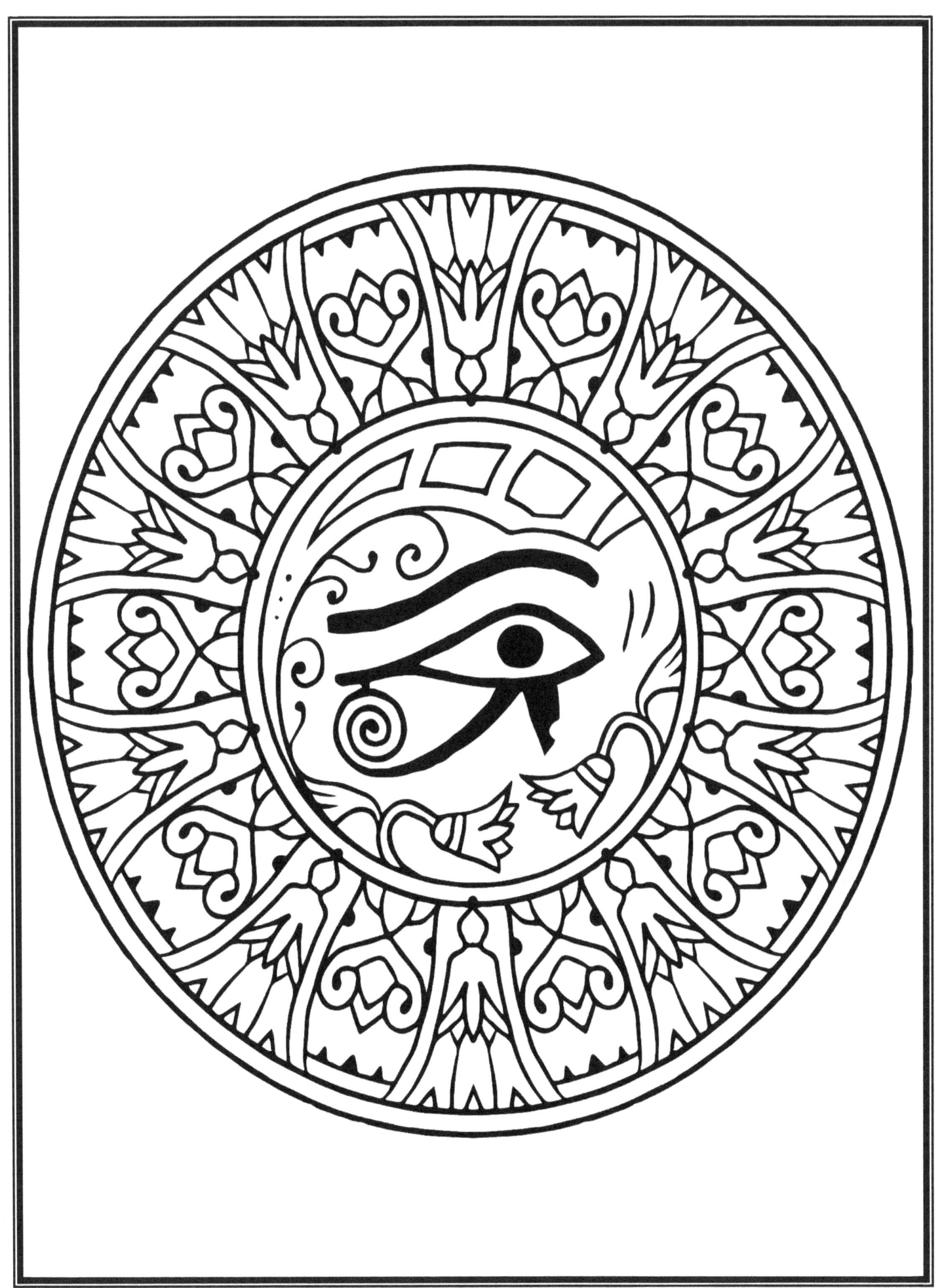

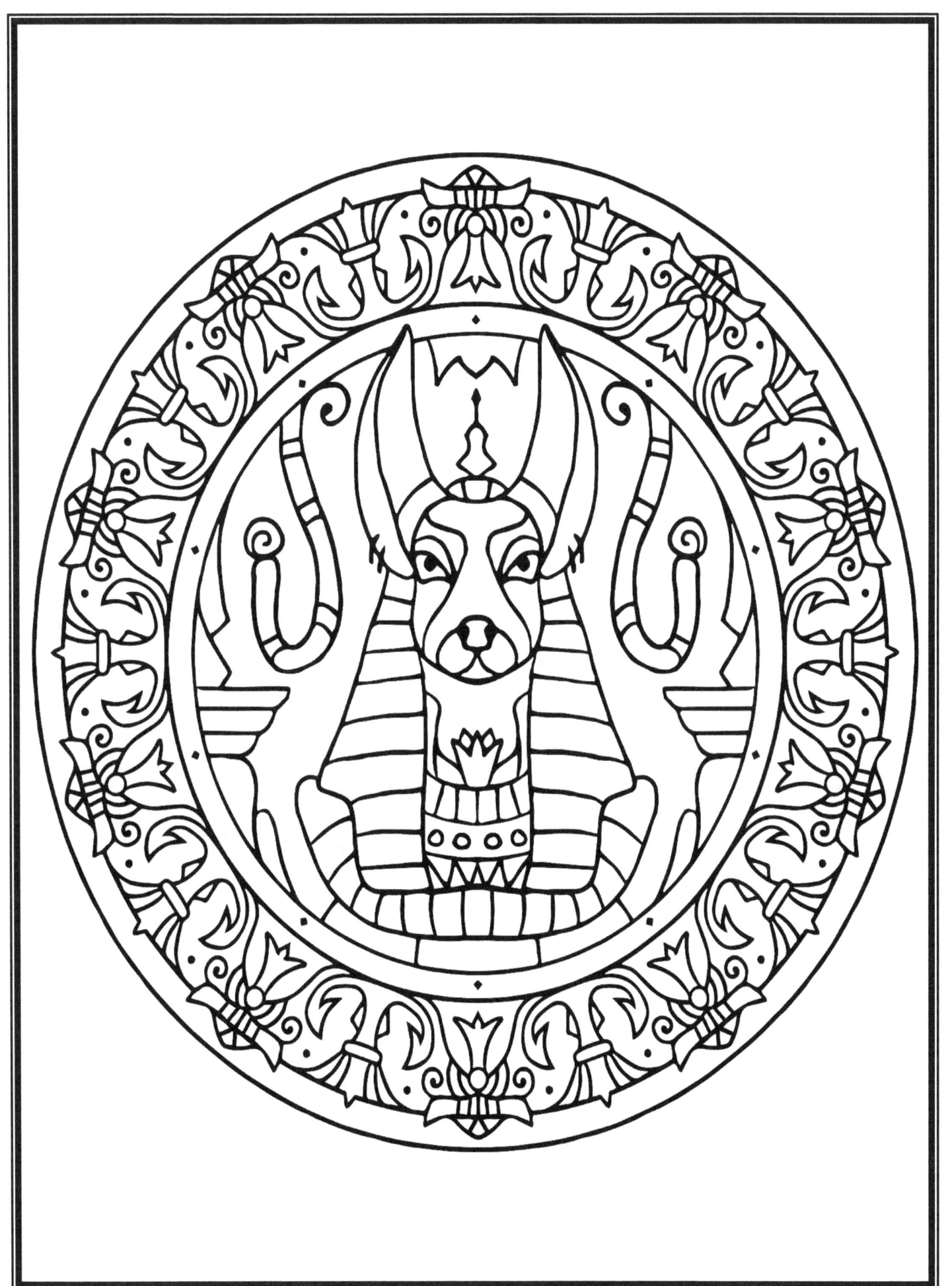

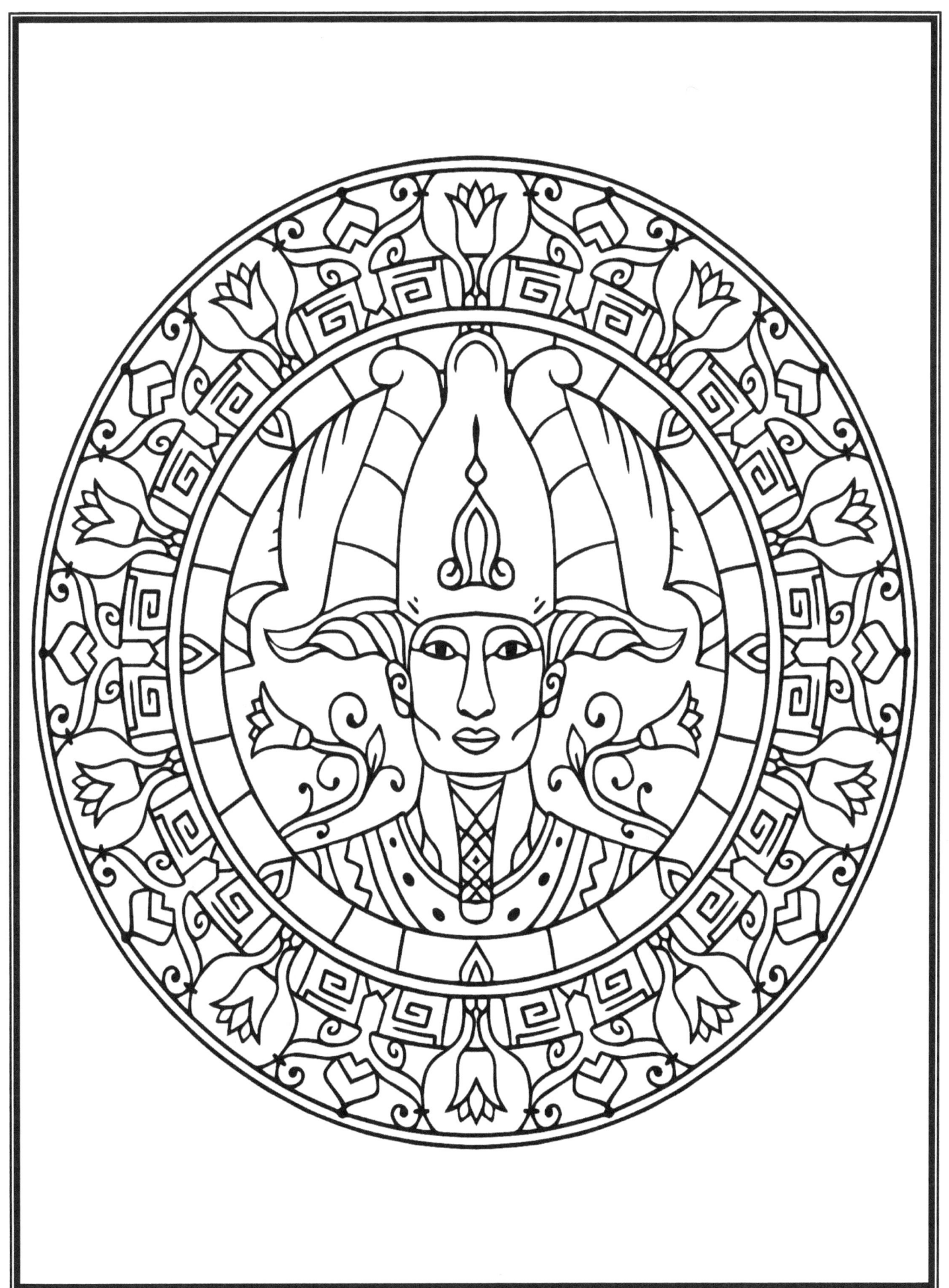

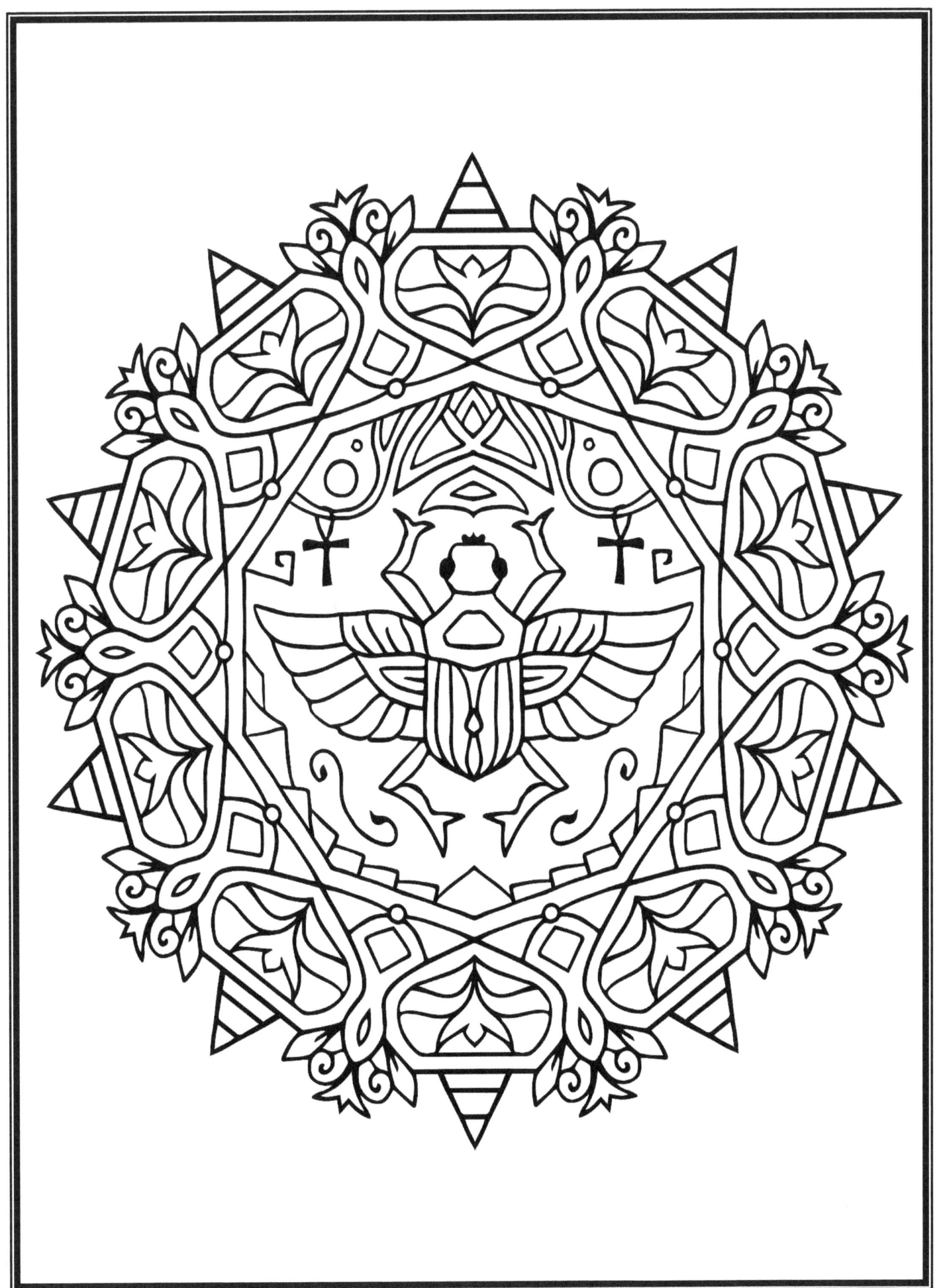

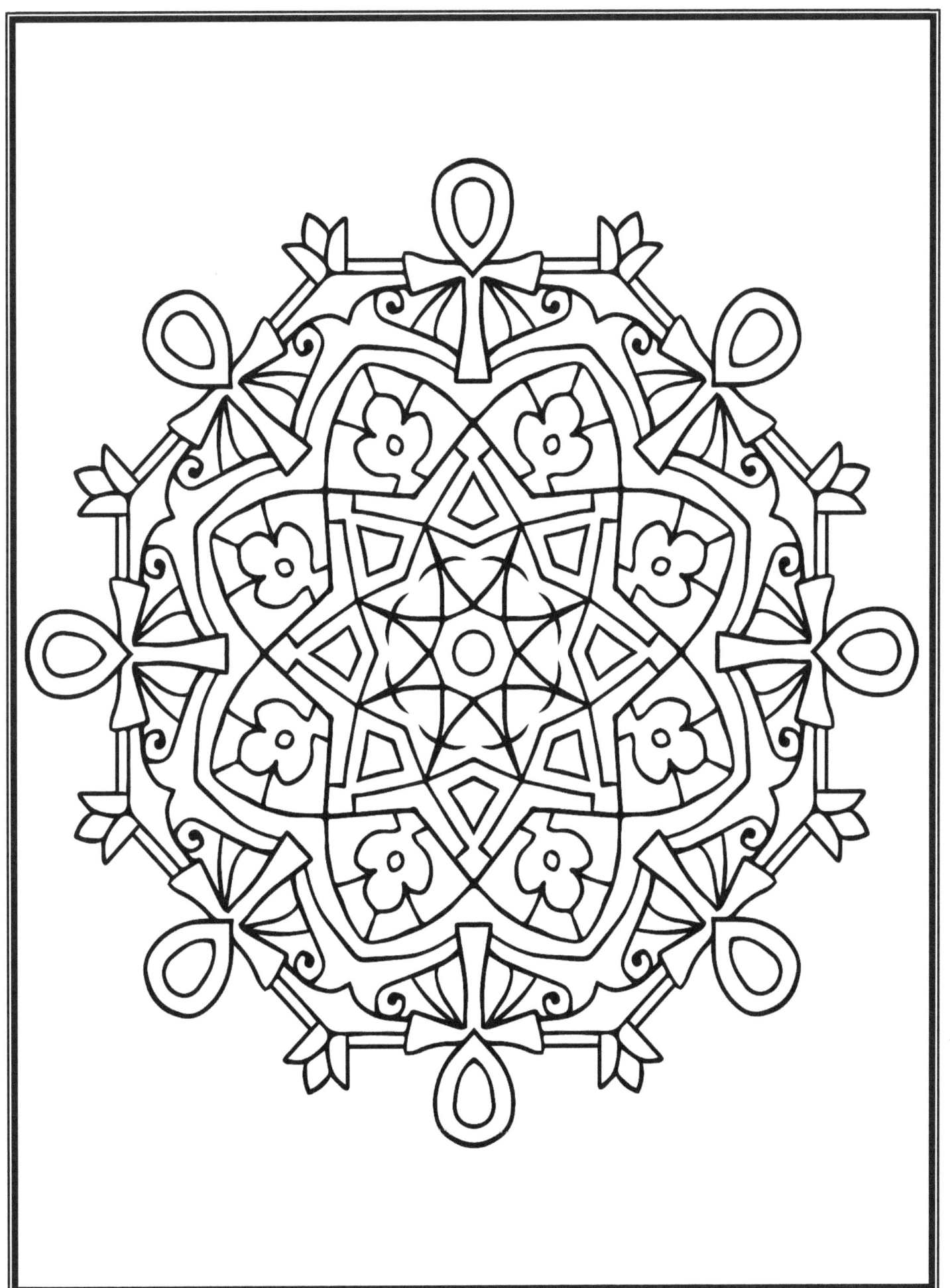

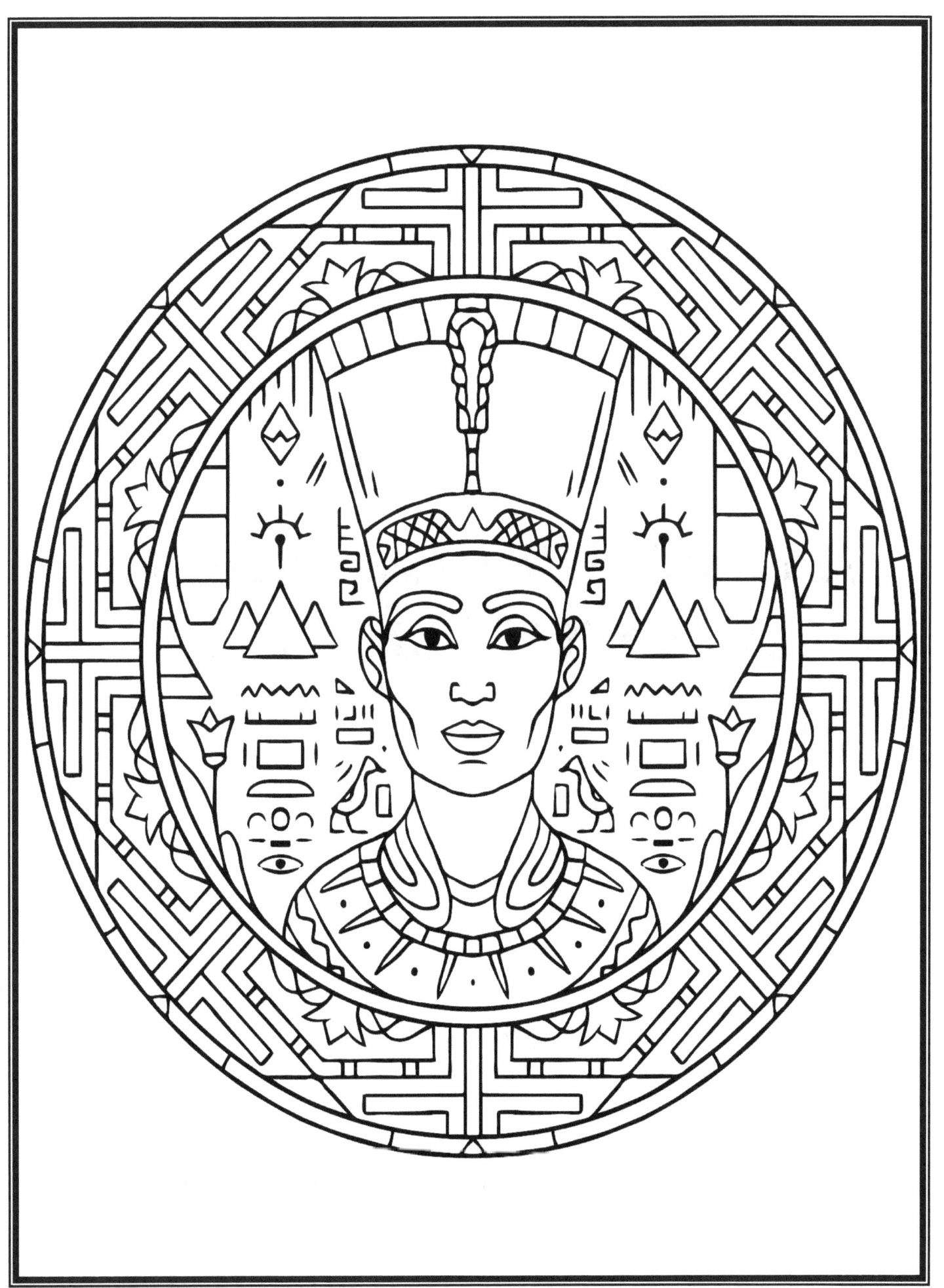

10 SKULL MANDALAS COLORING PAGE START NEXT PAGE

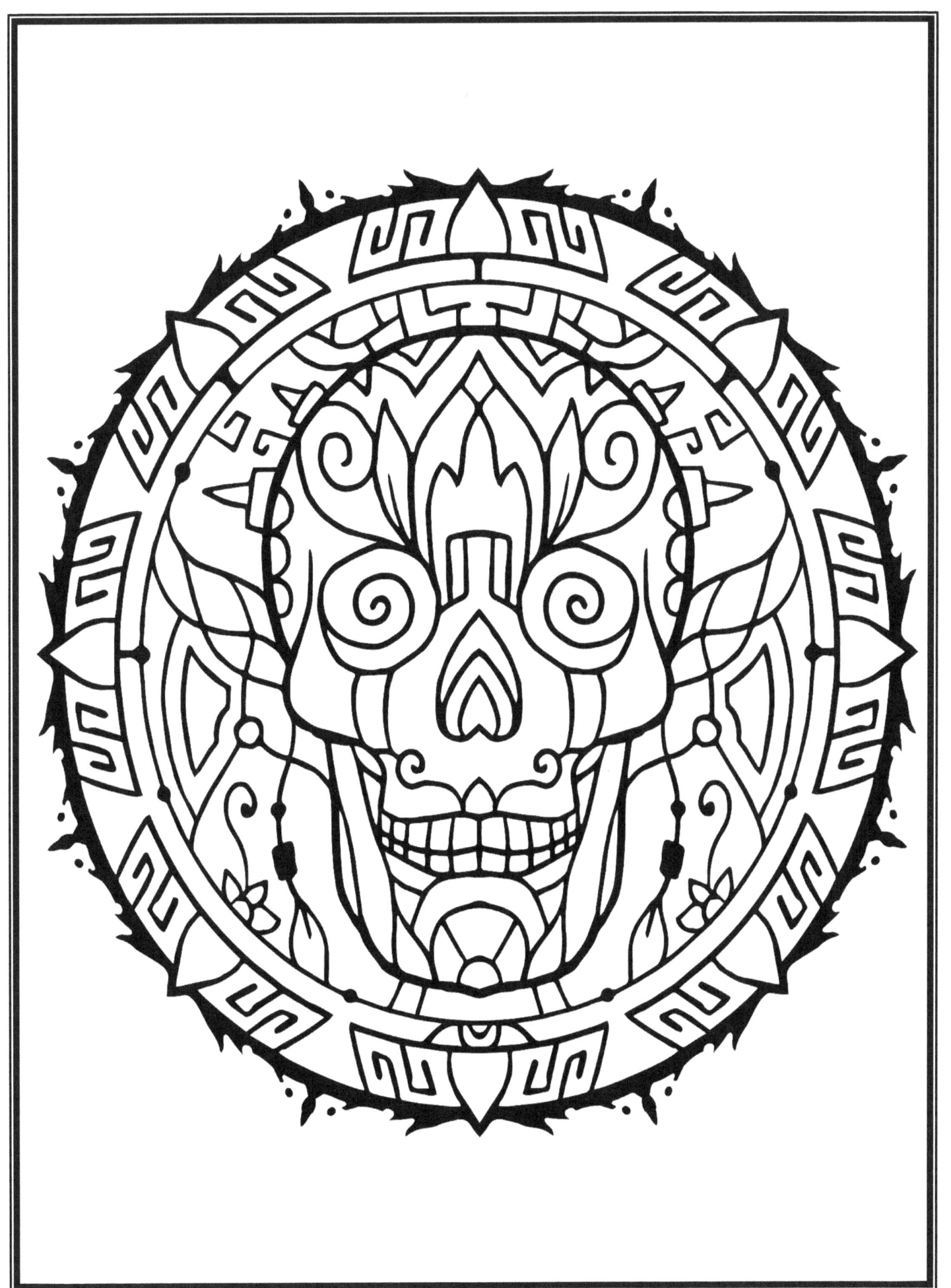

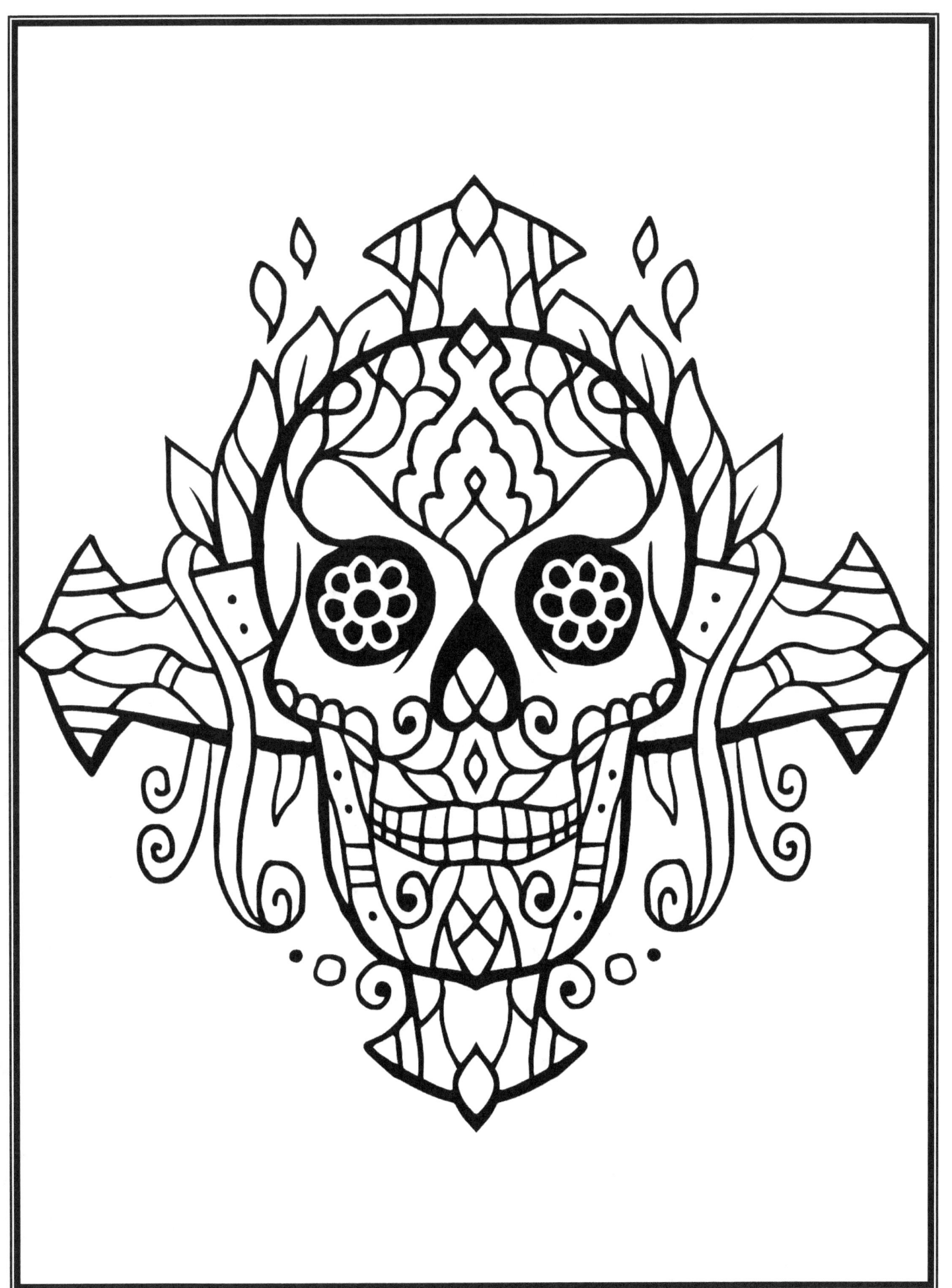

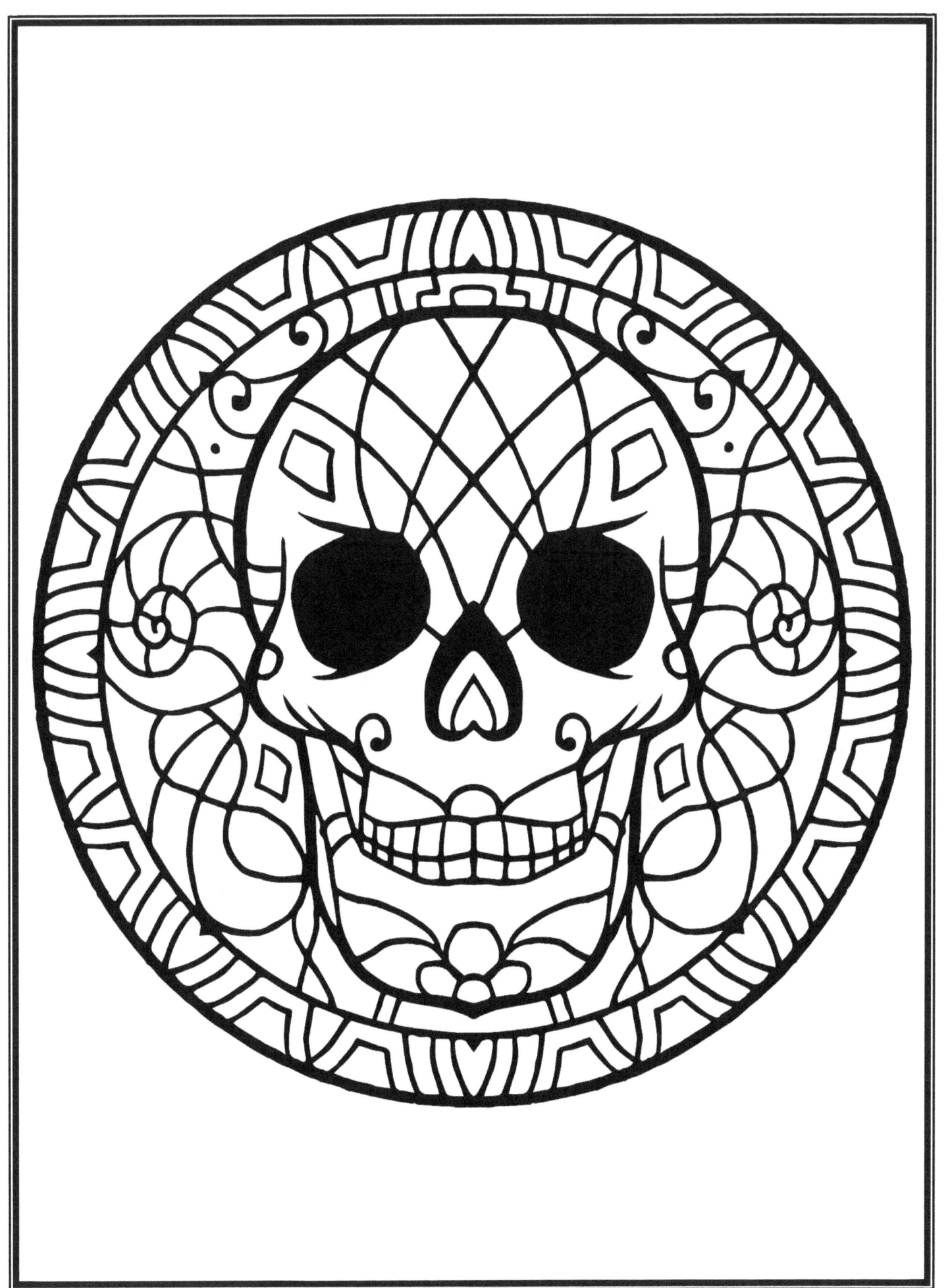

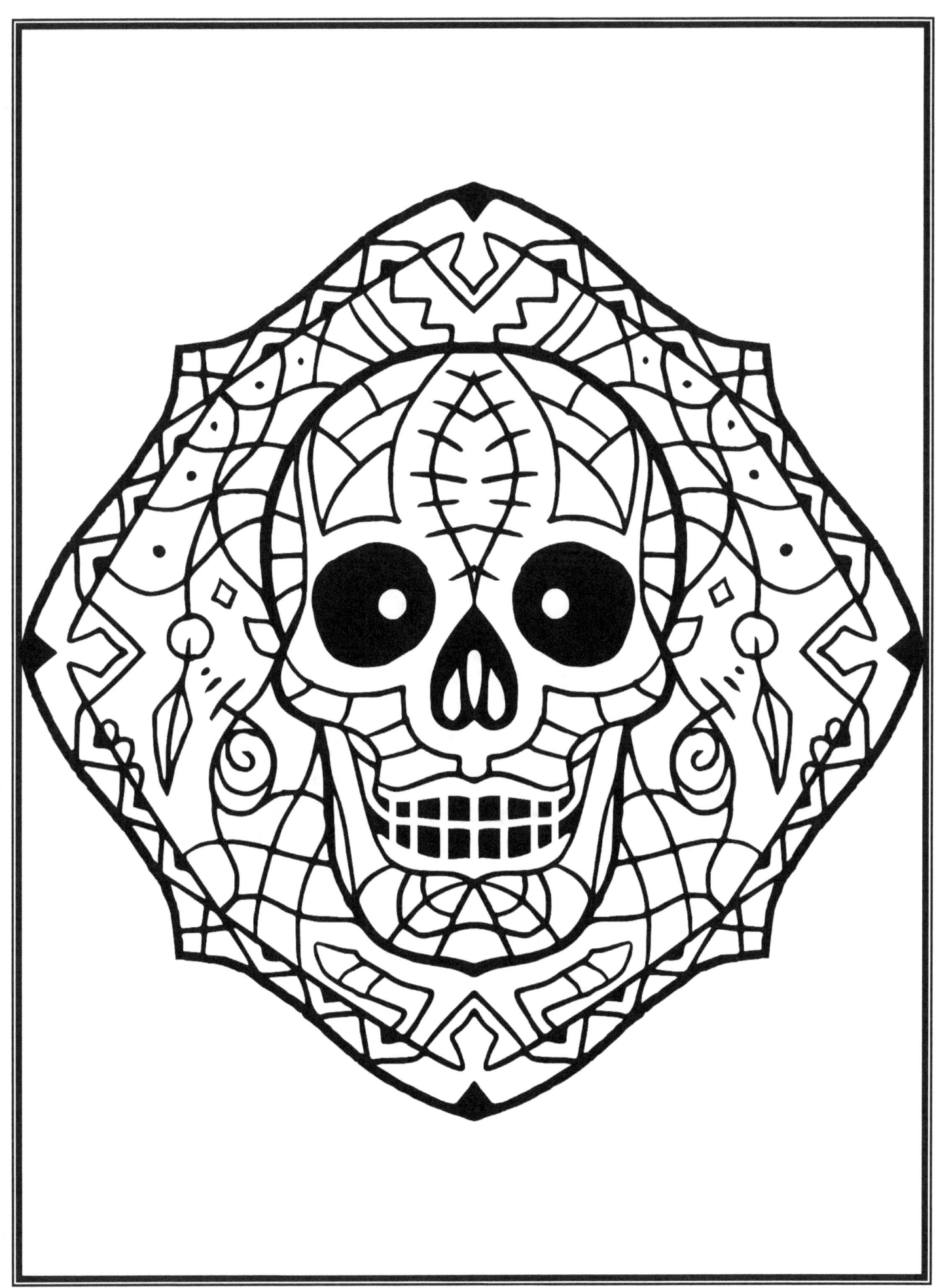

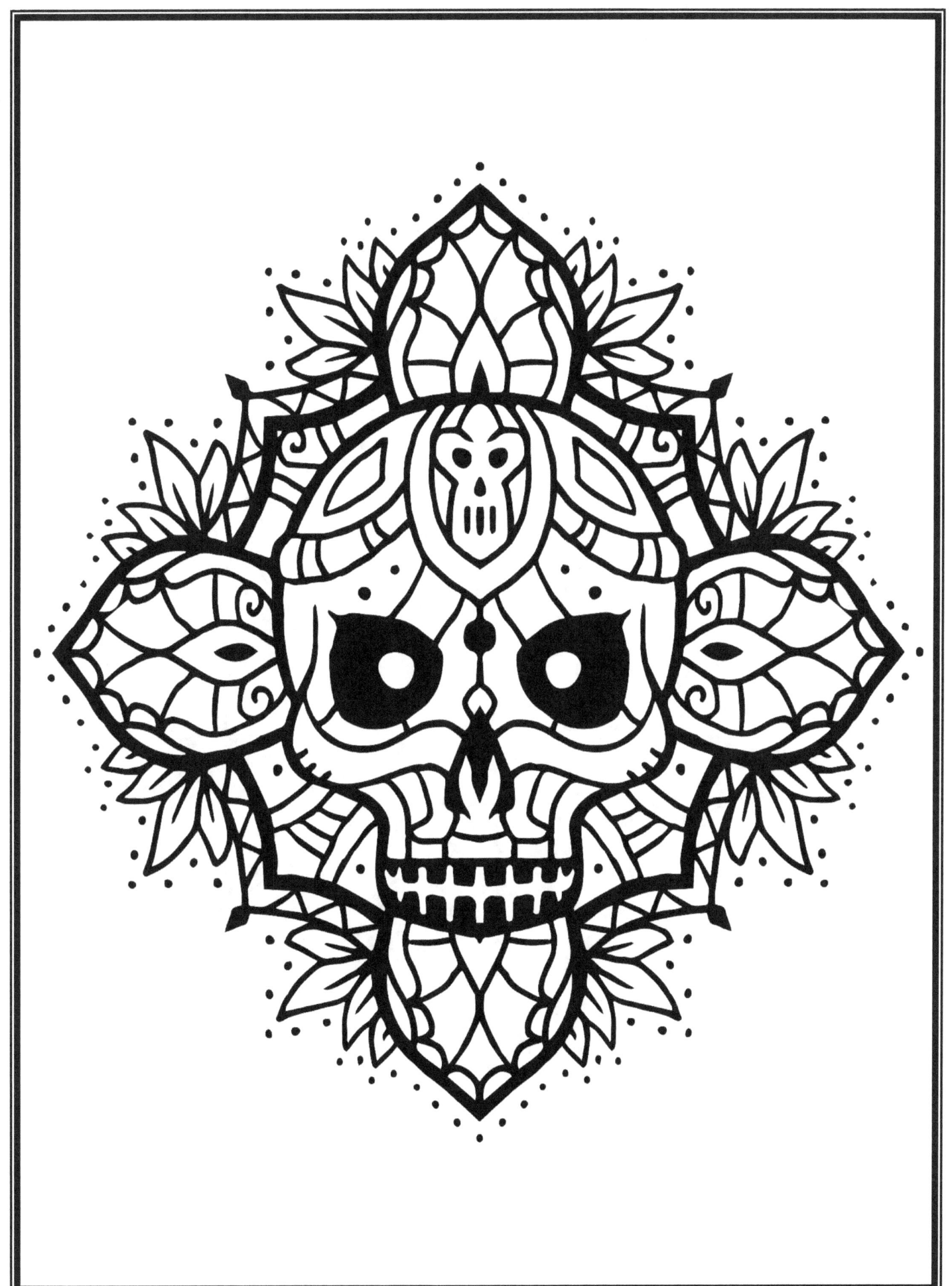

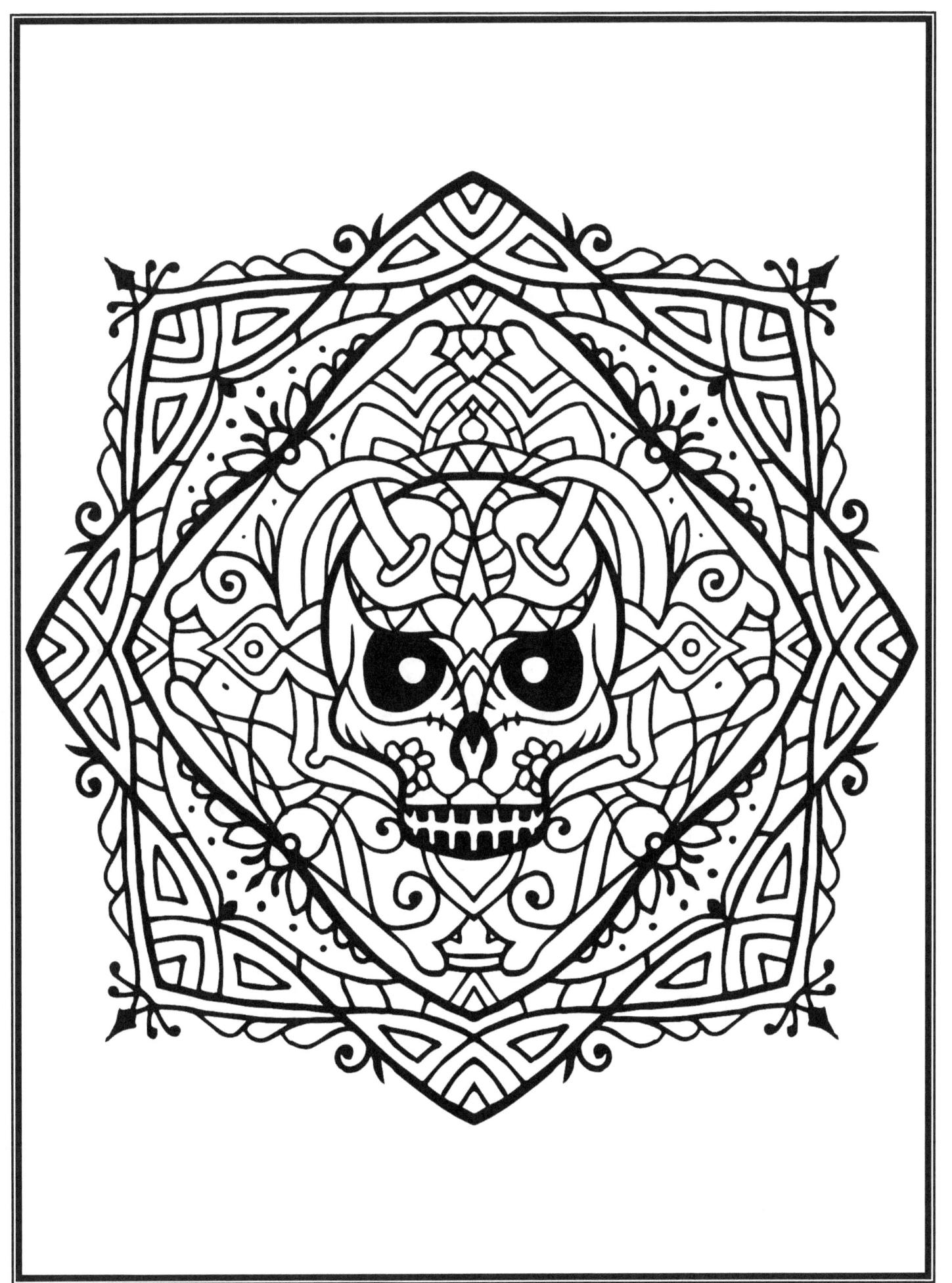

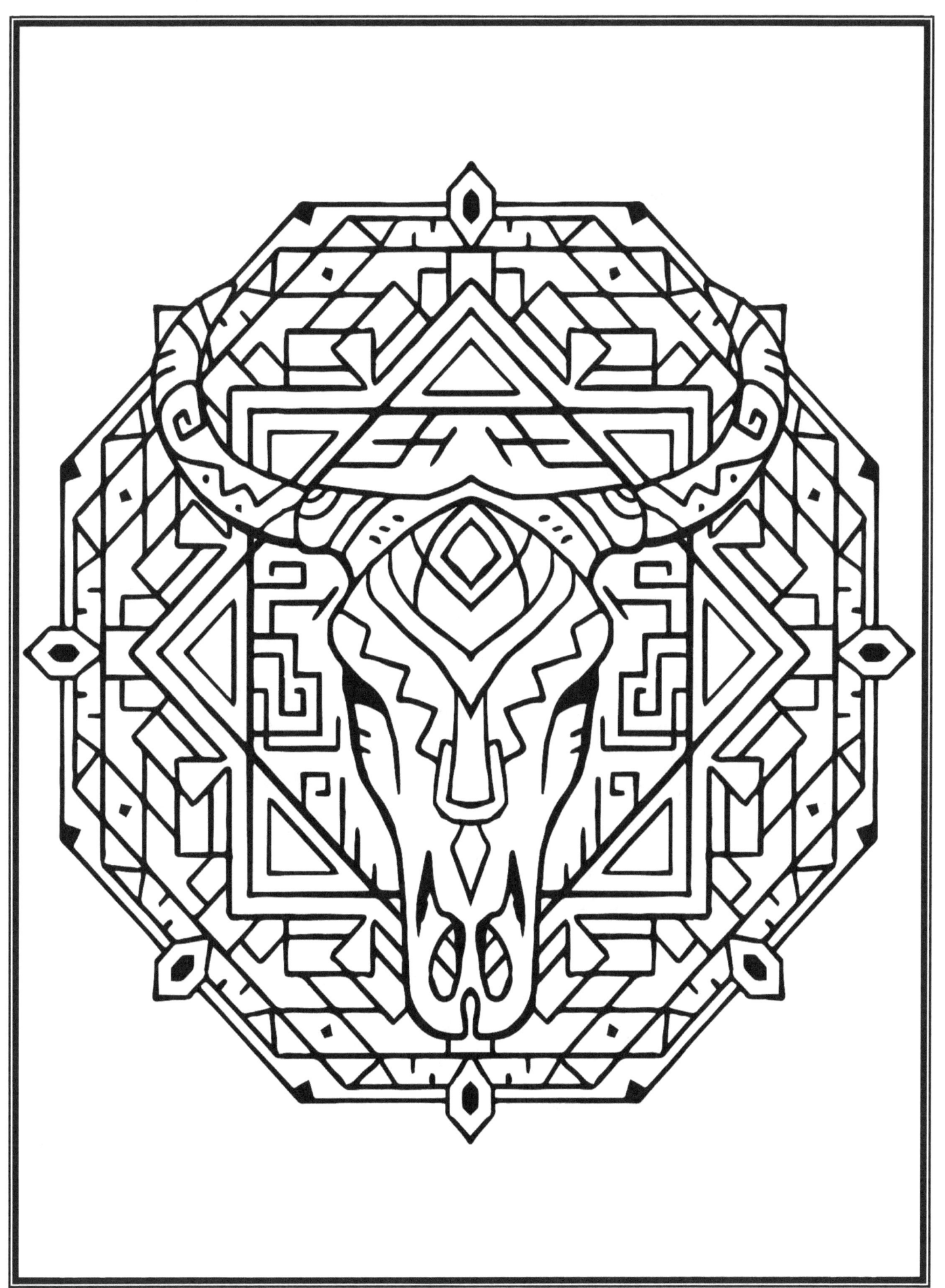

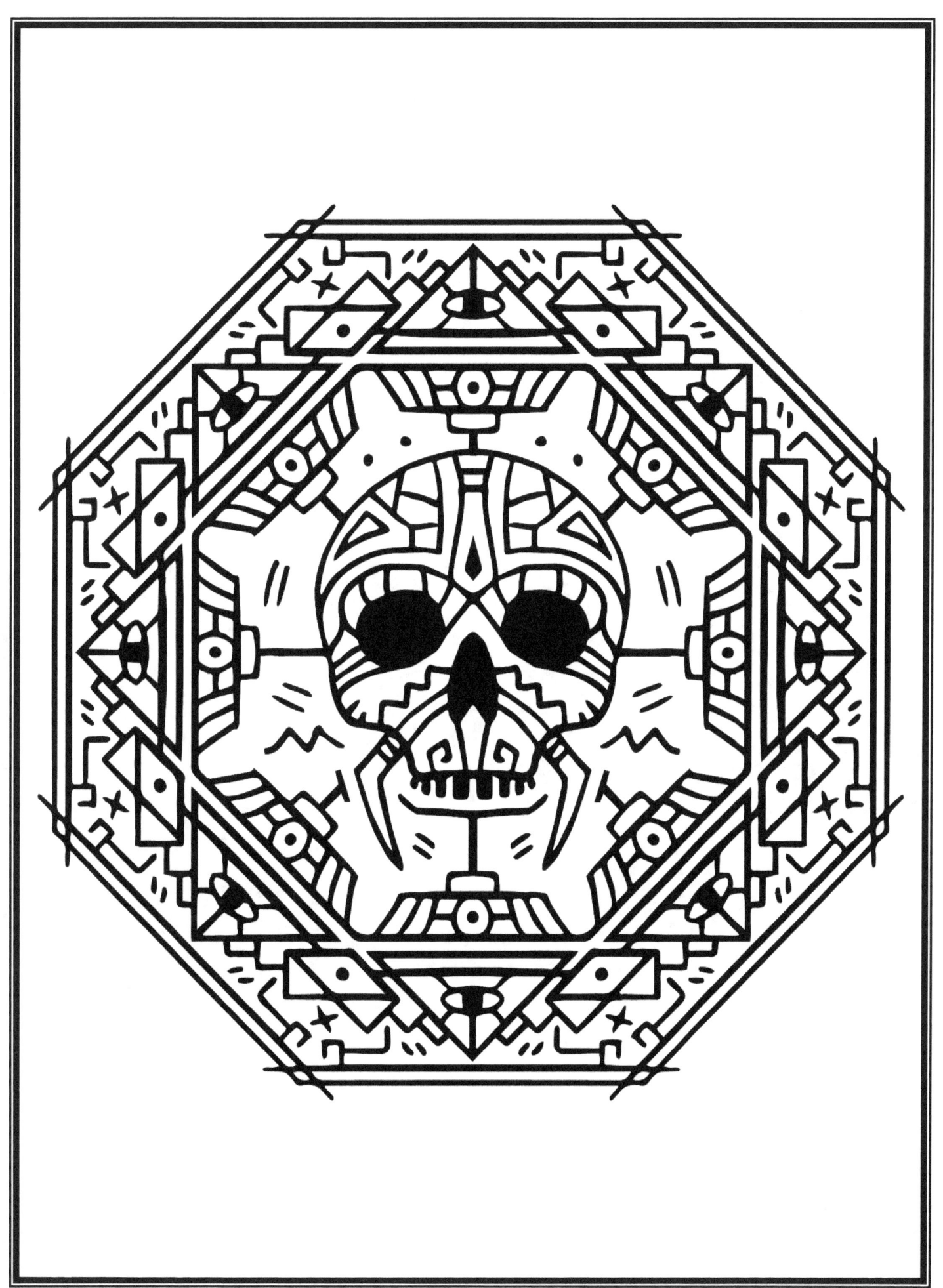

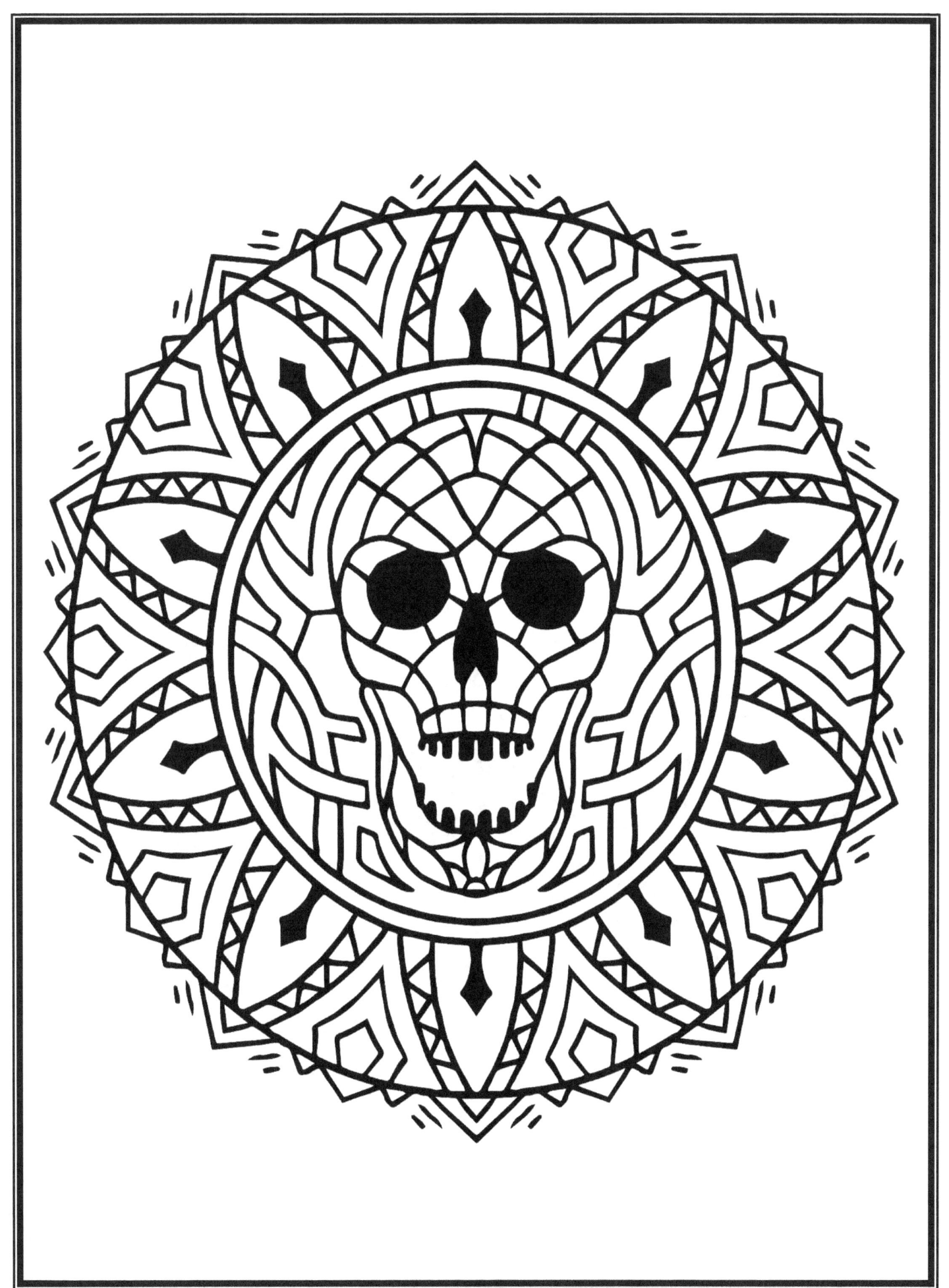

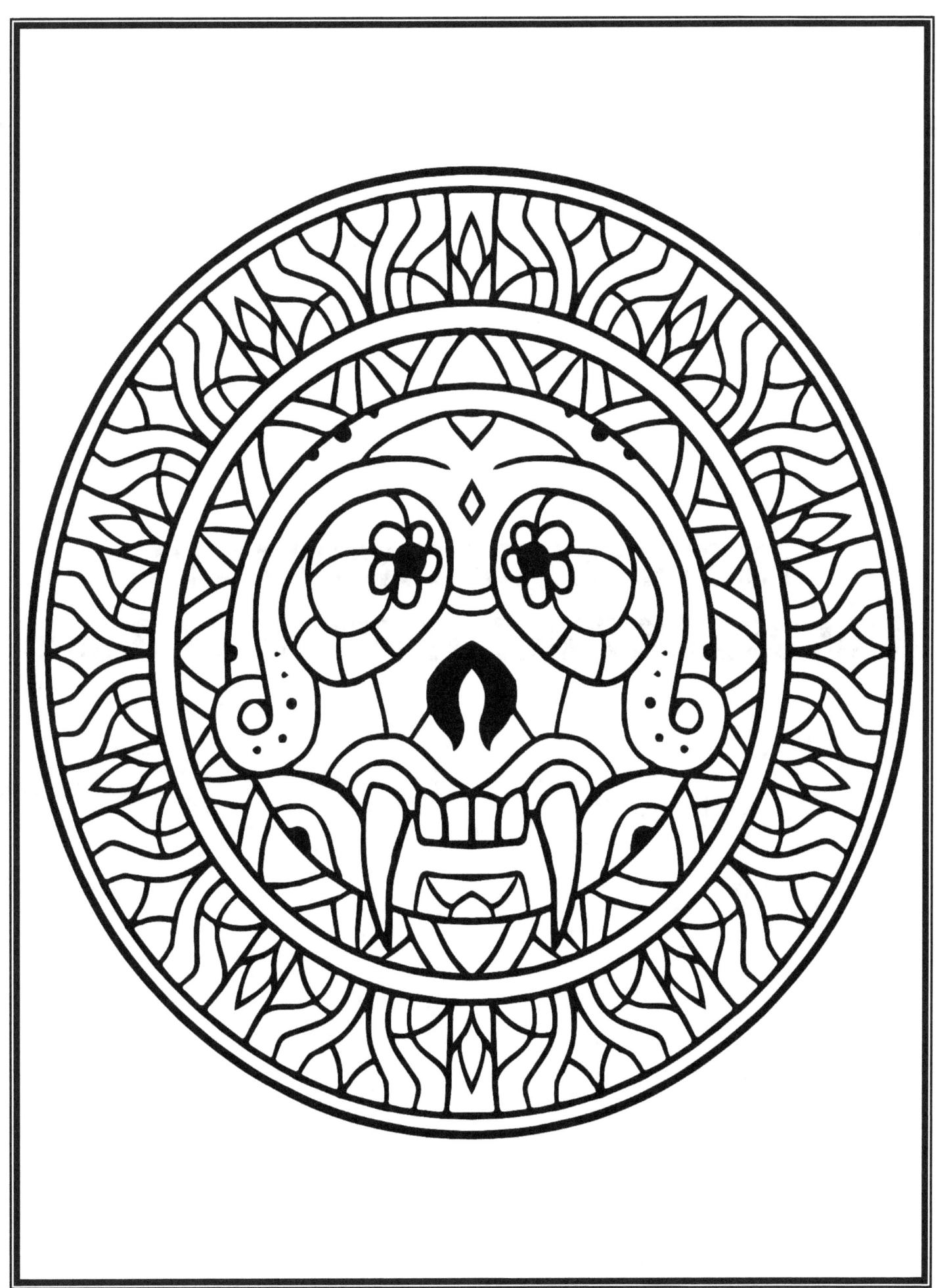

10 STEAMPUNK MANDALAS COLORING PAGE START NEXT PAGE

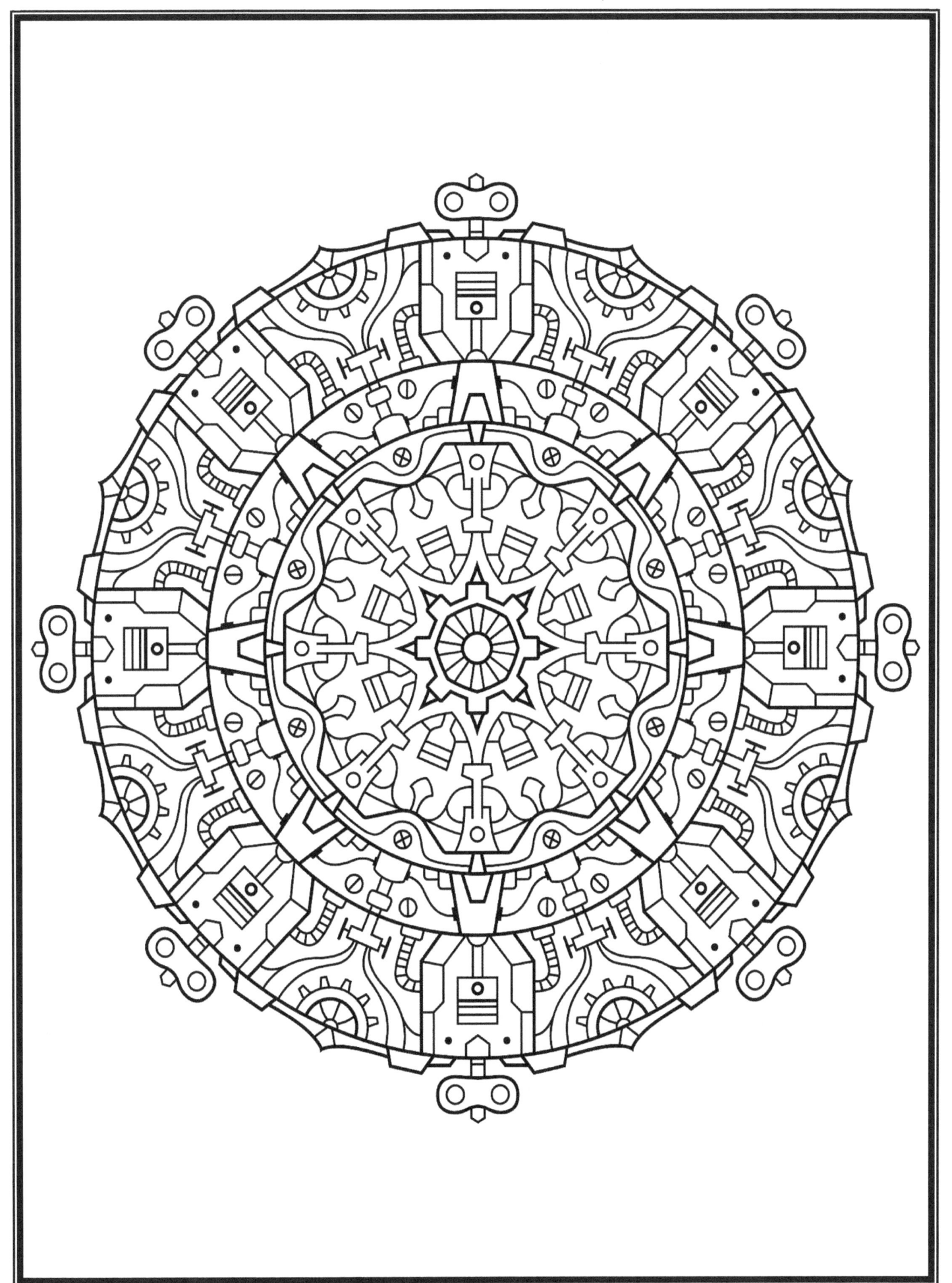

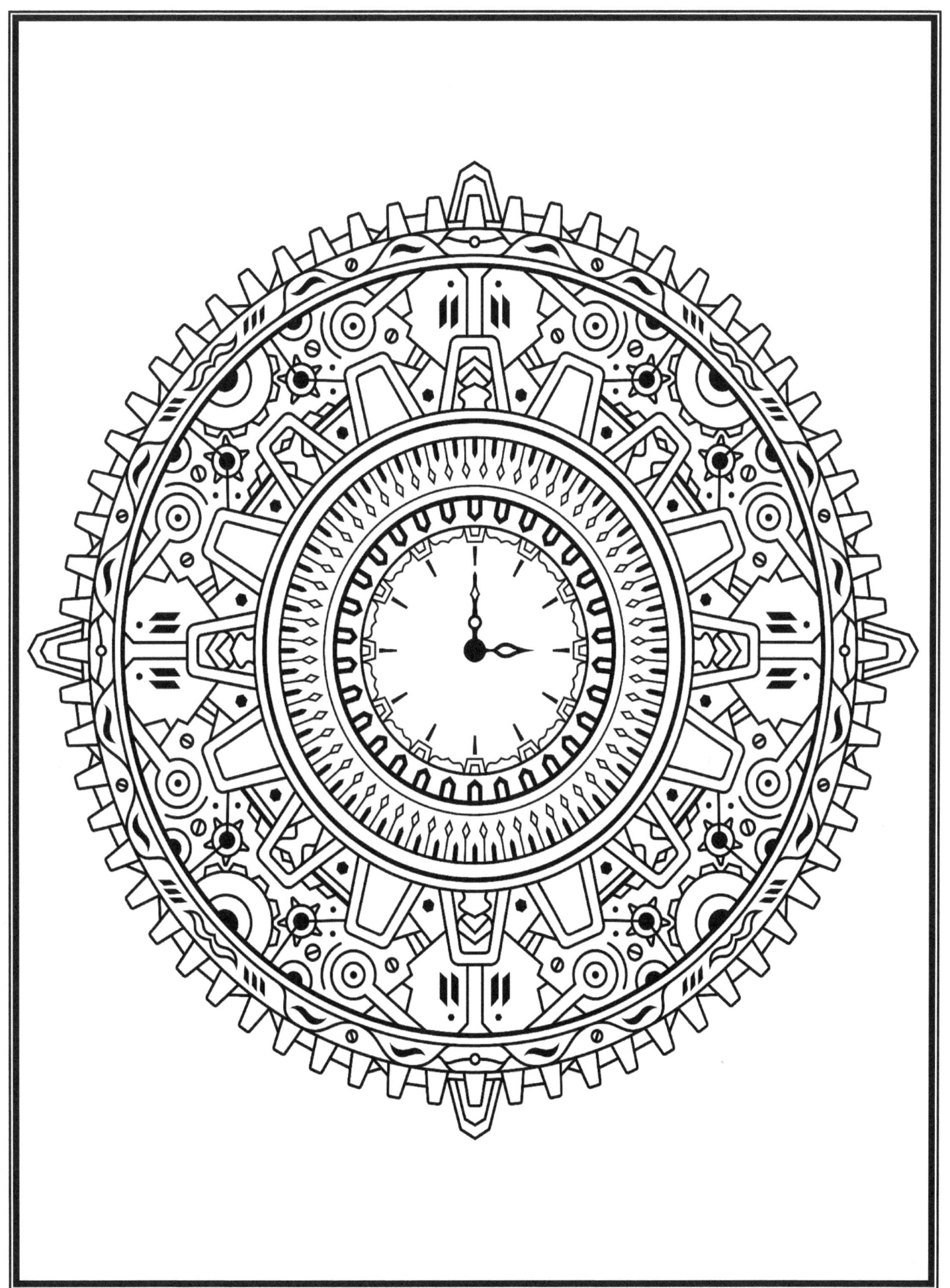

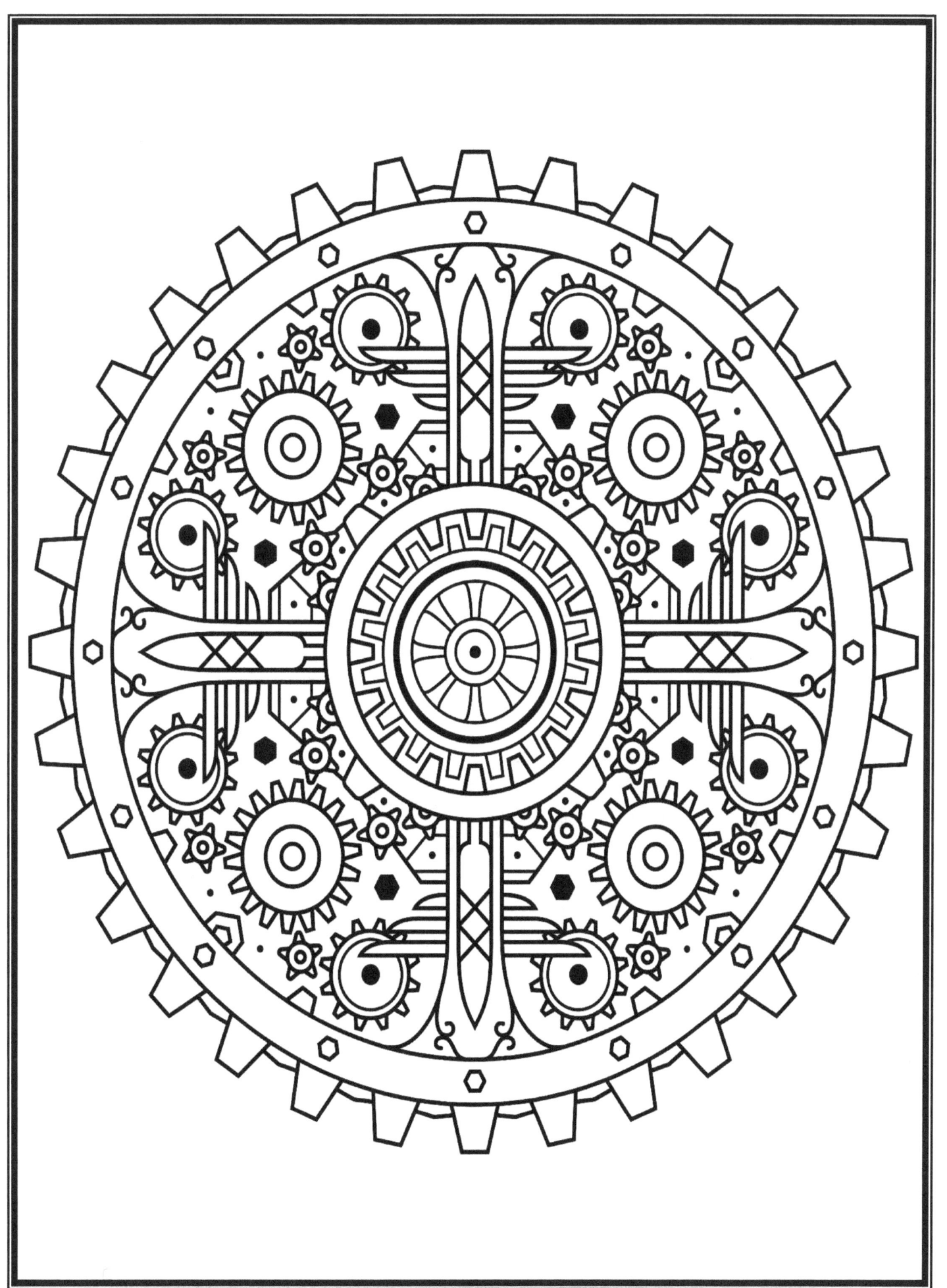

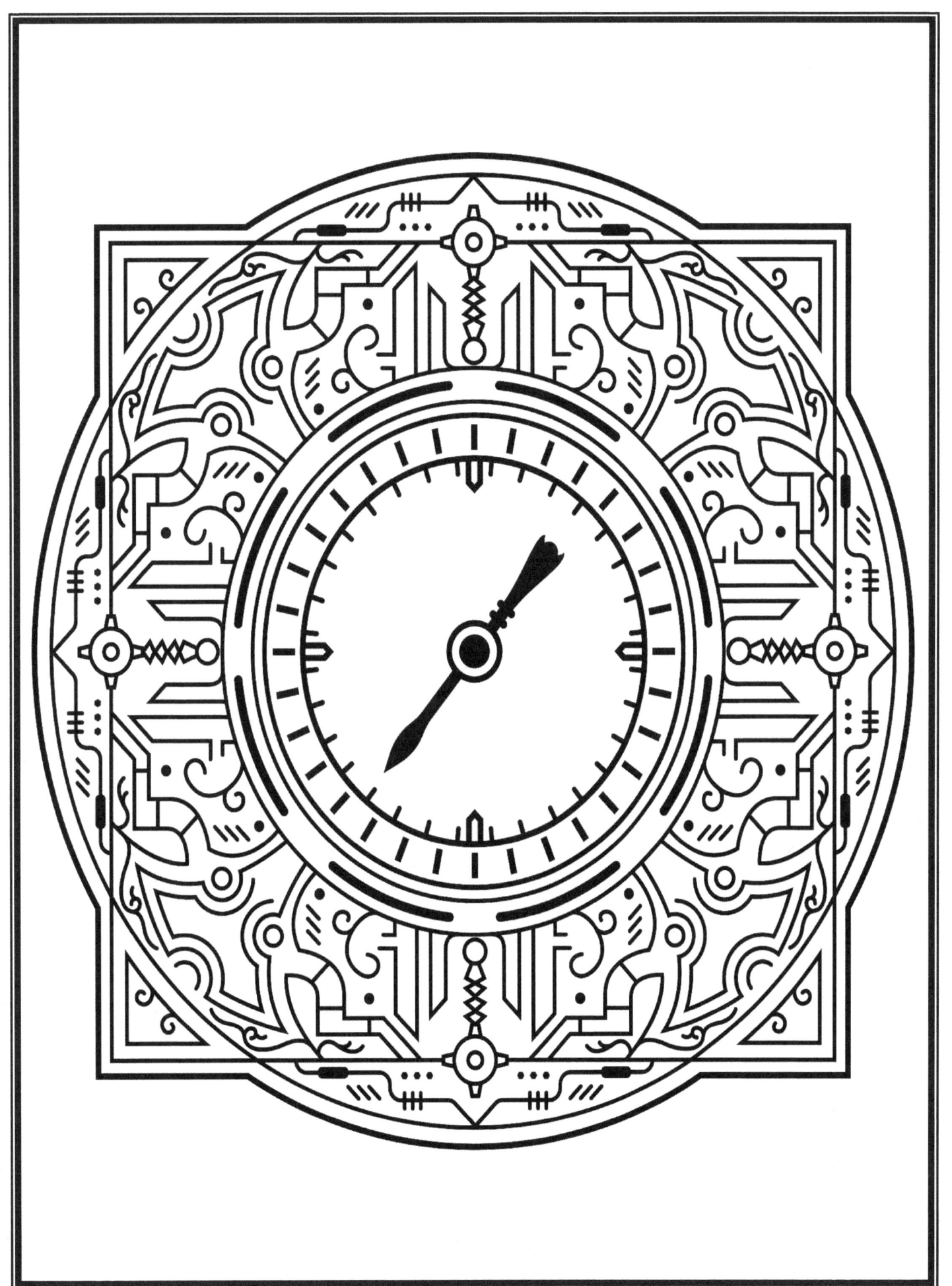

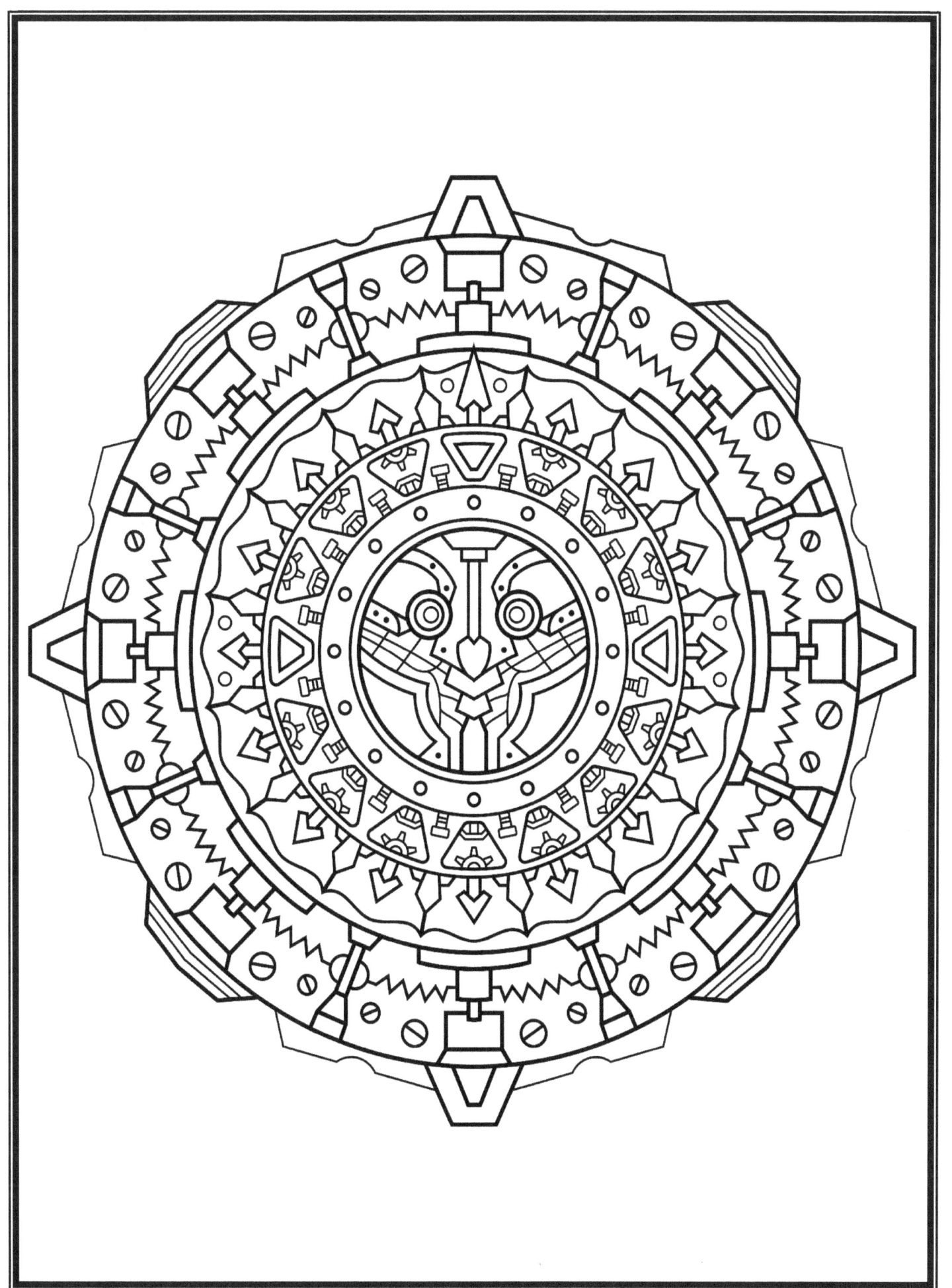

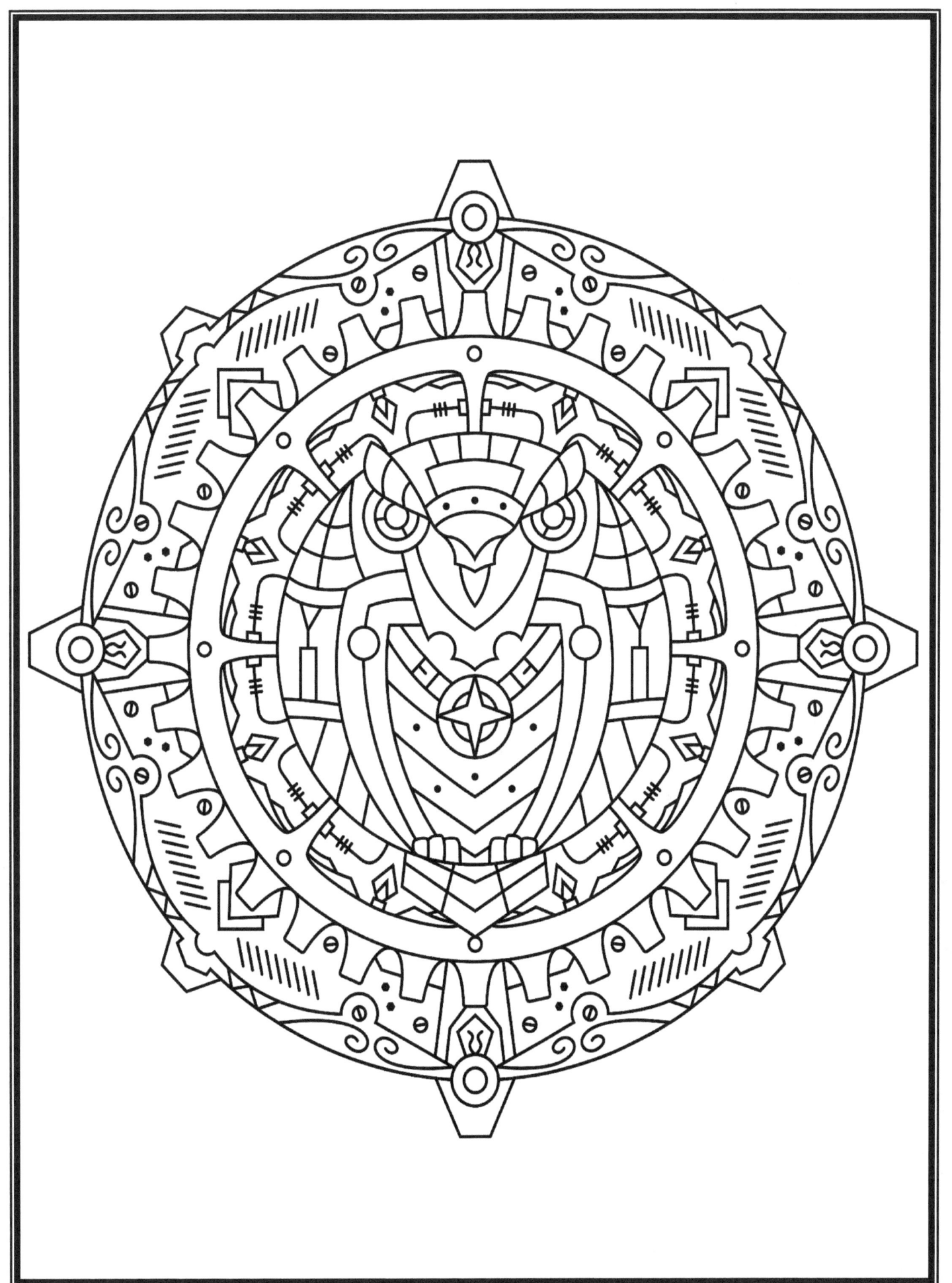

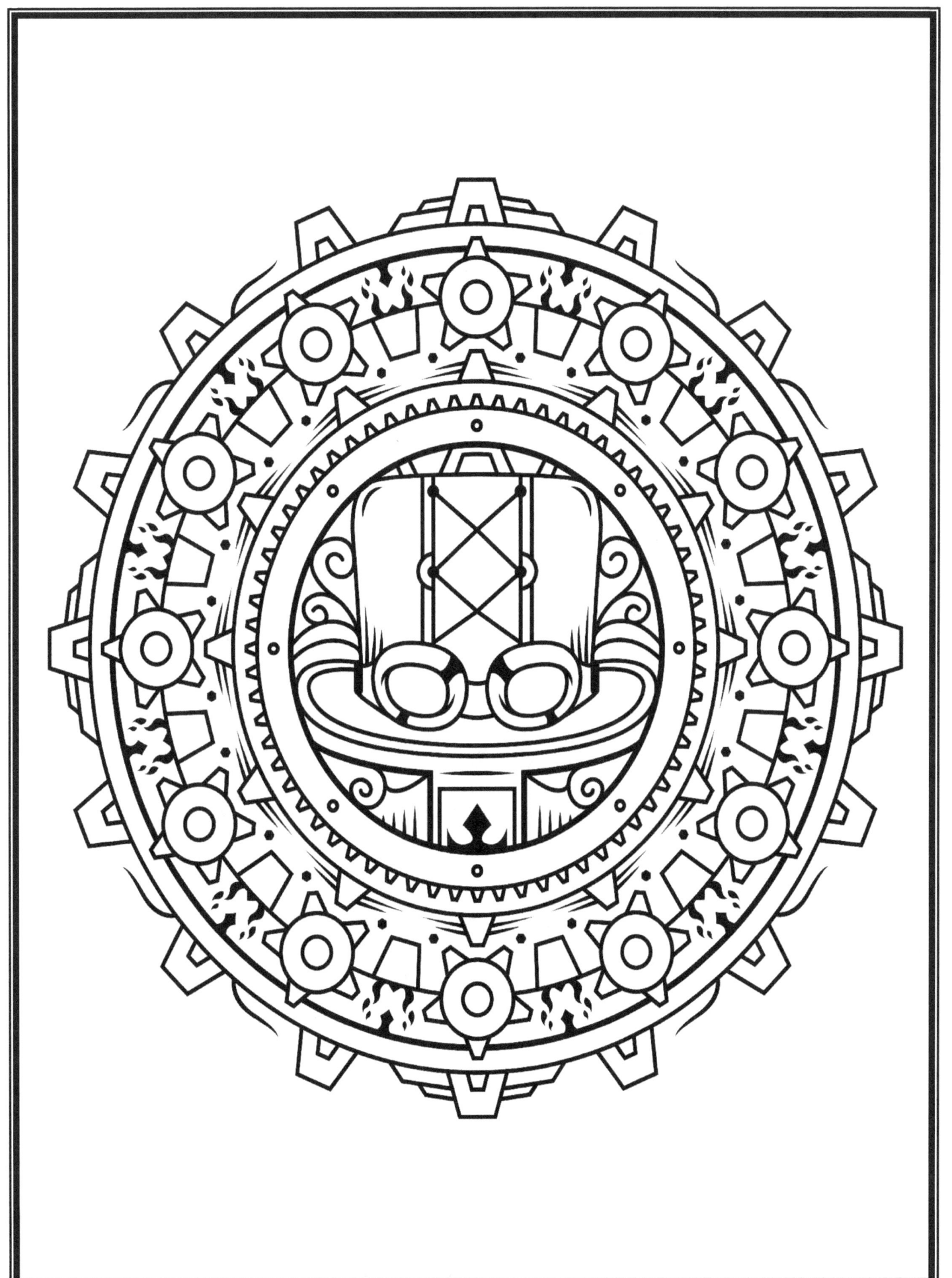

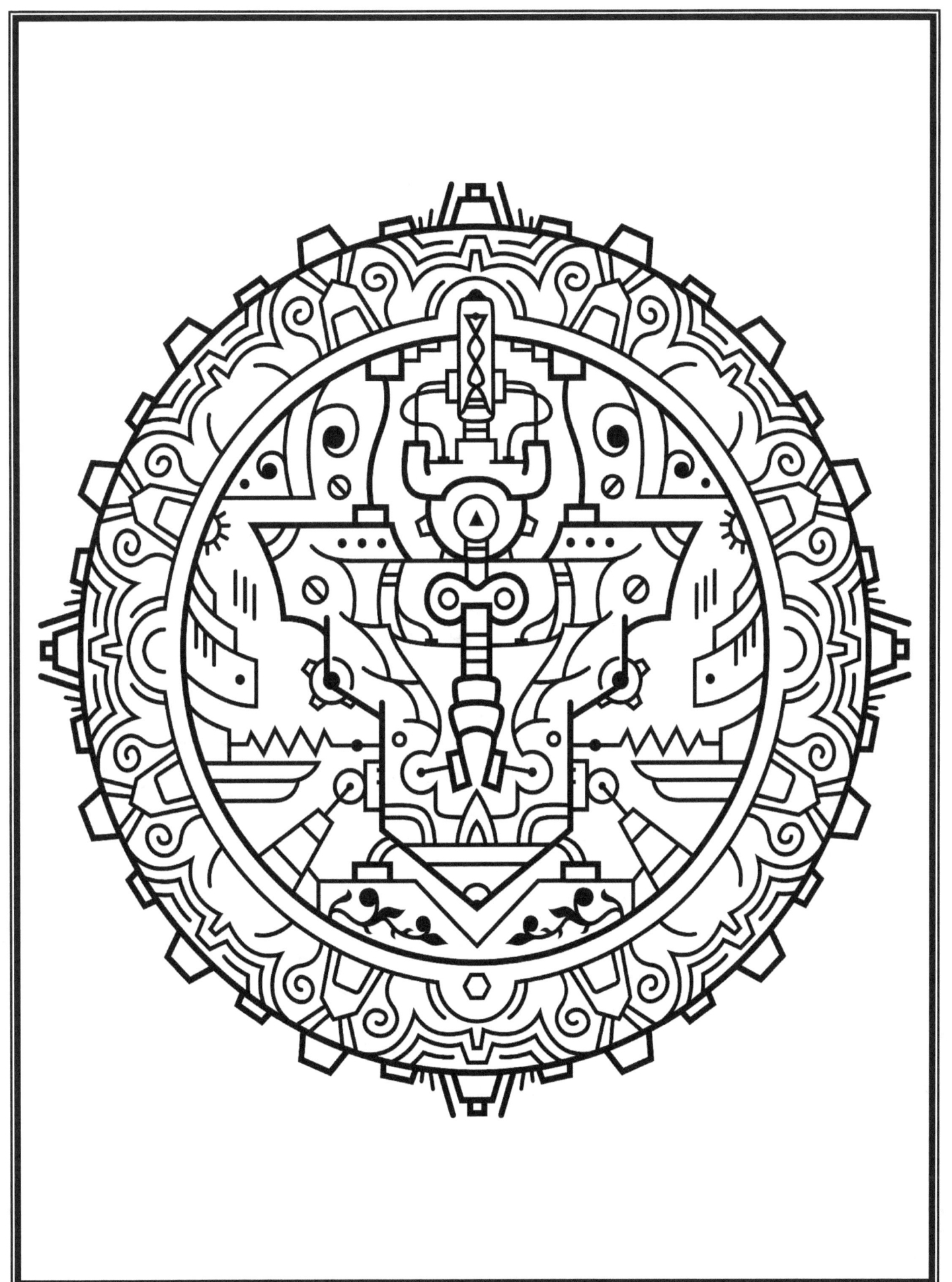

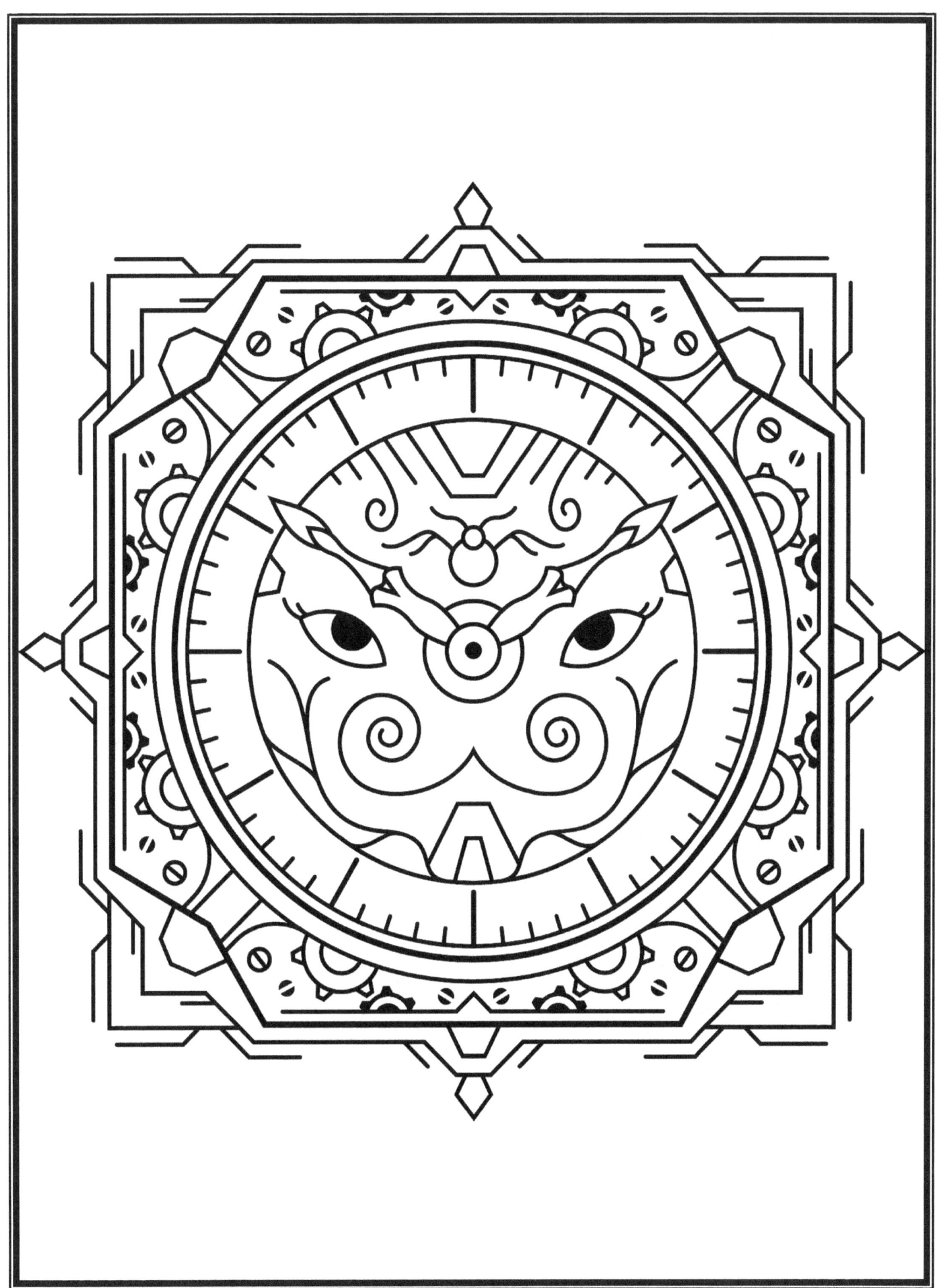

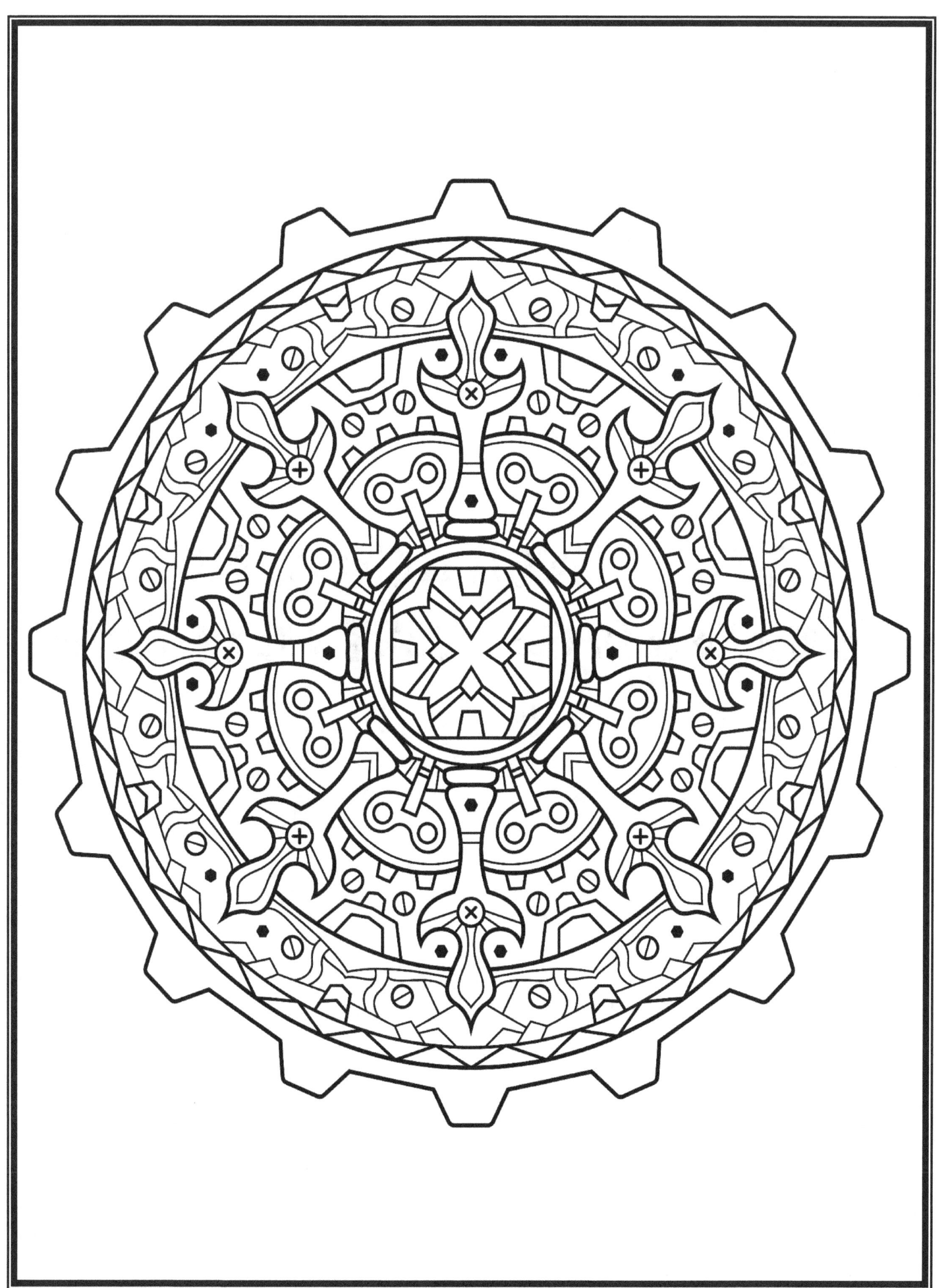

10 ART DECO MANDALAS
COLORING PAGE START NEXT PAGE

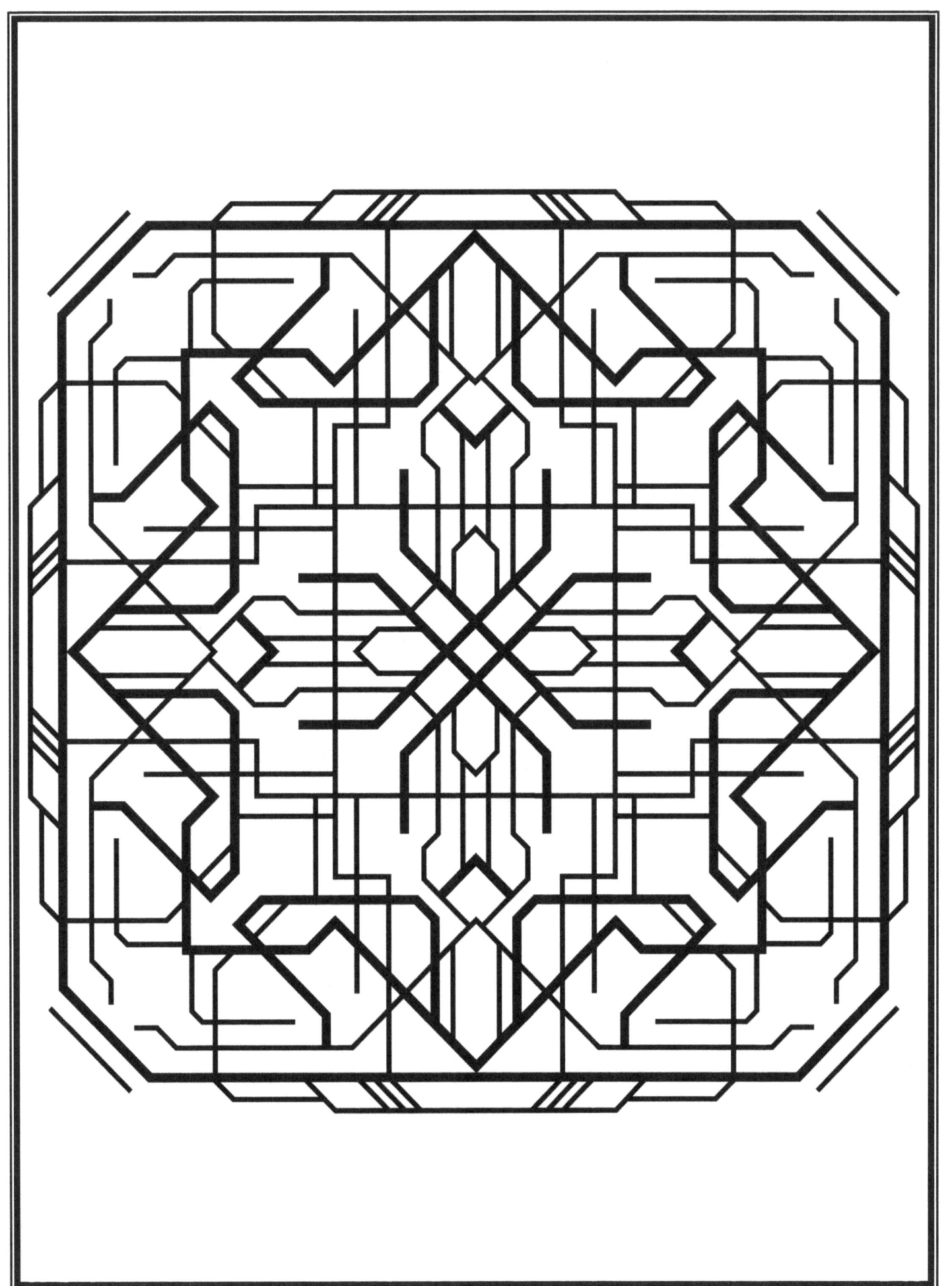

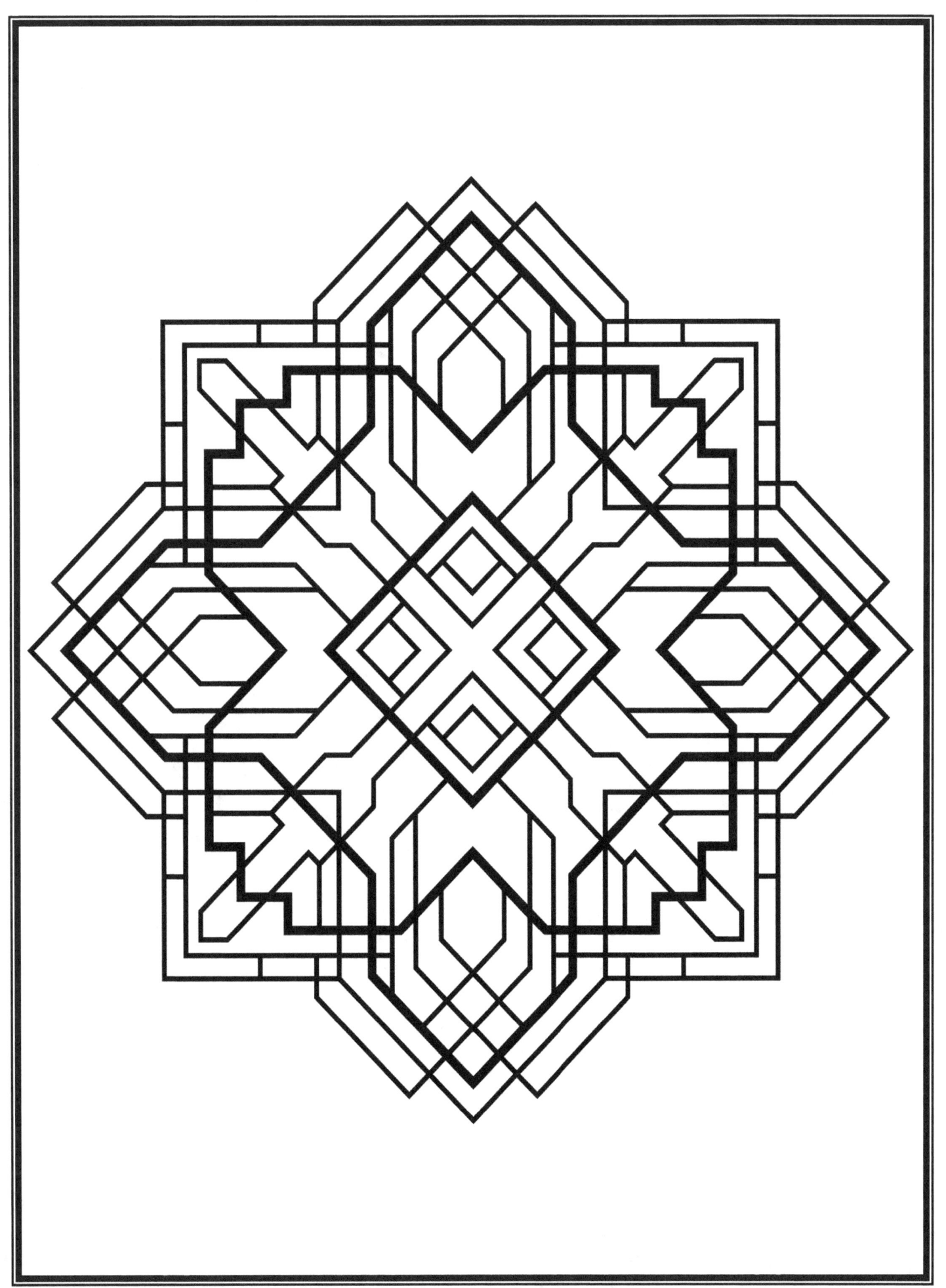

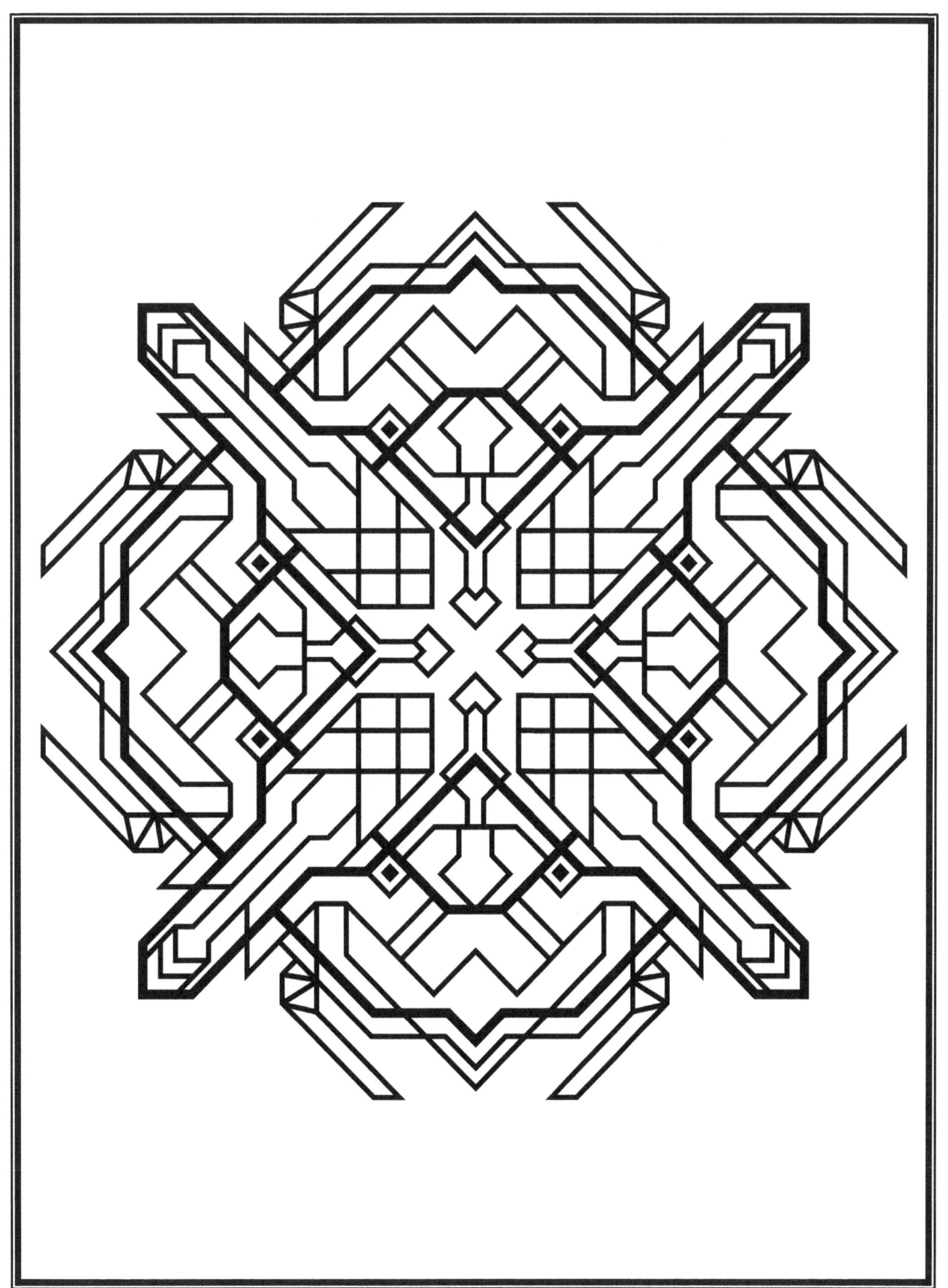

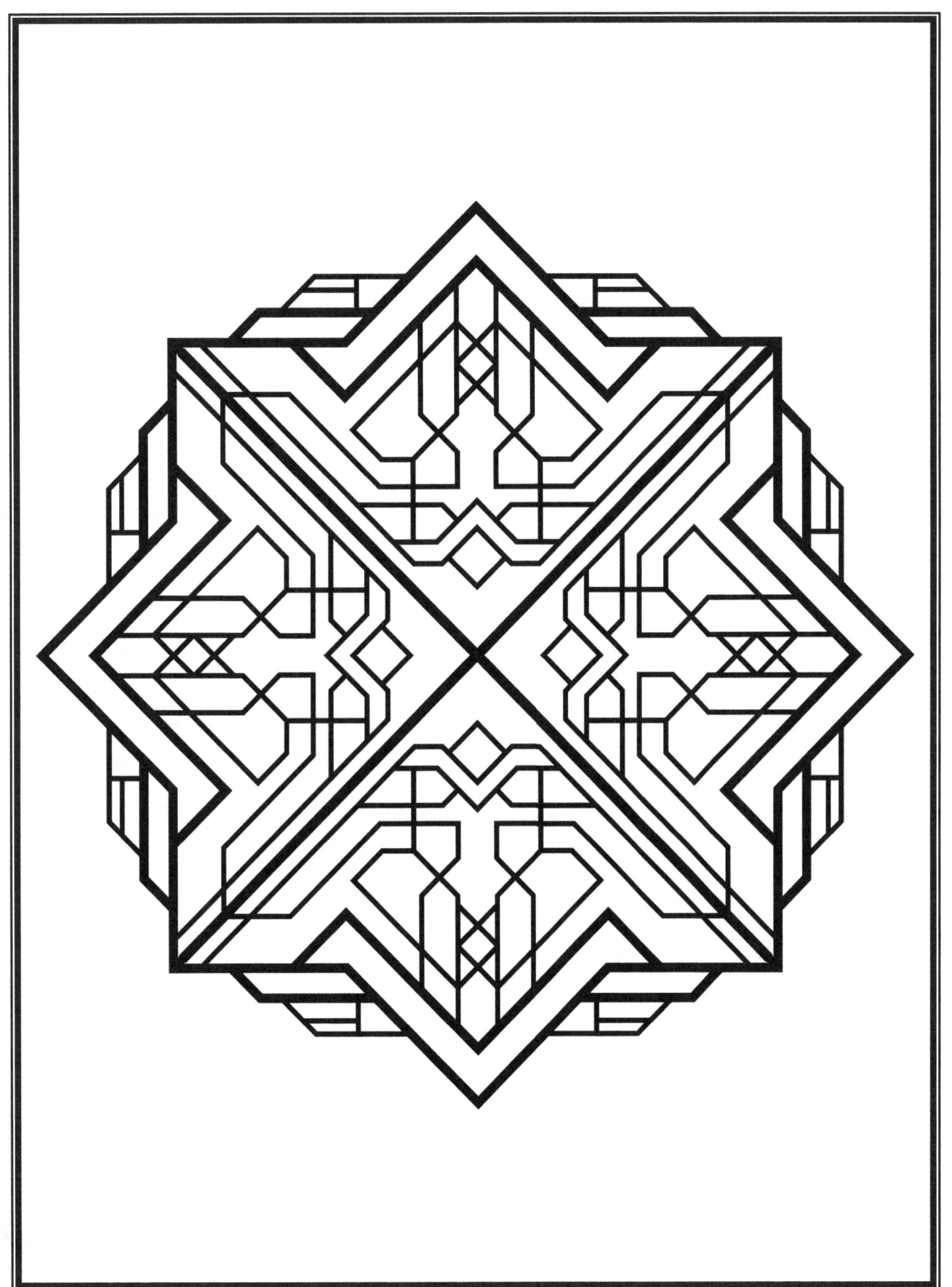

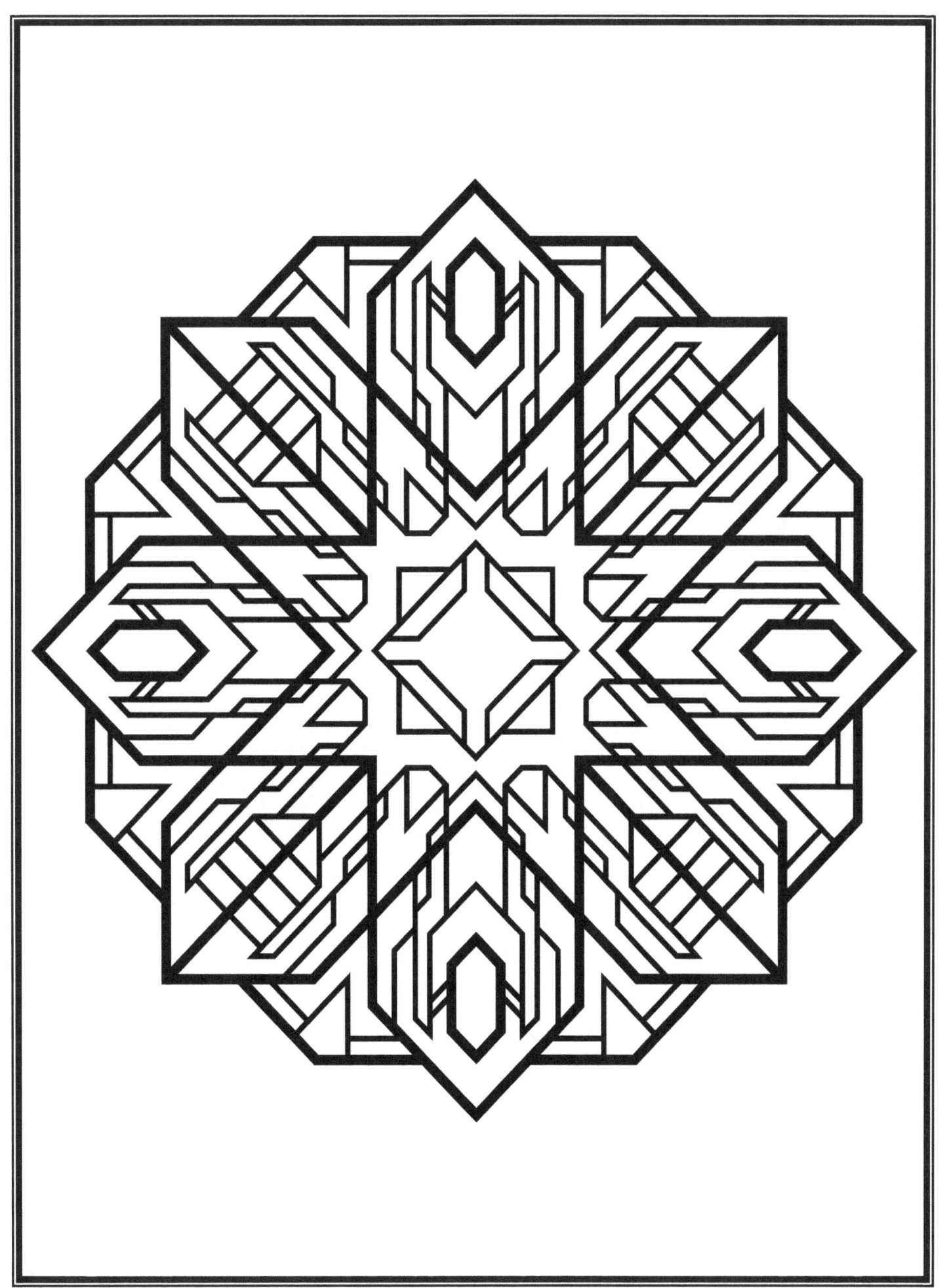

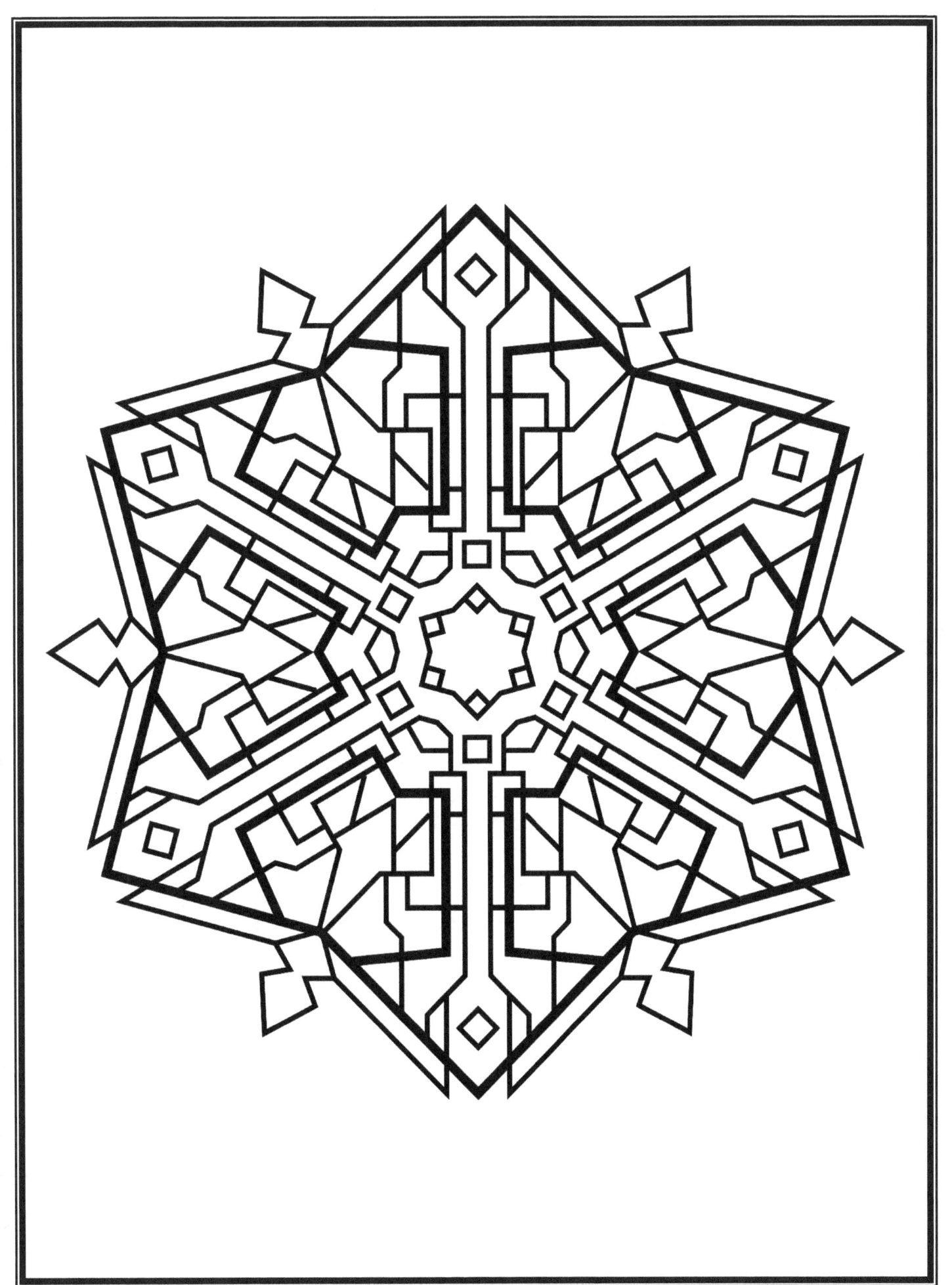

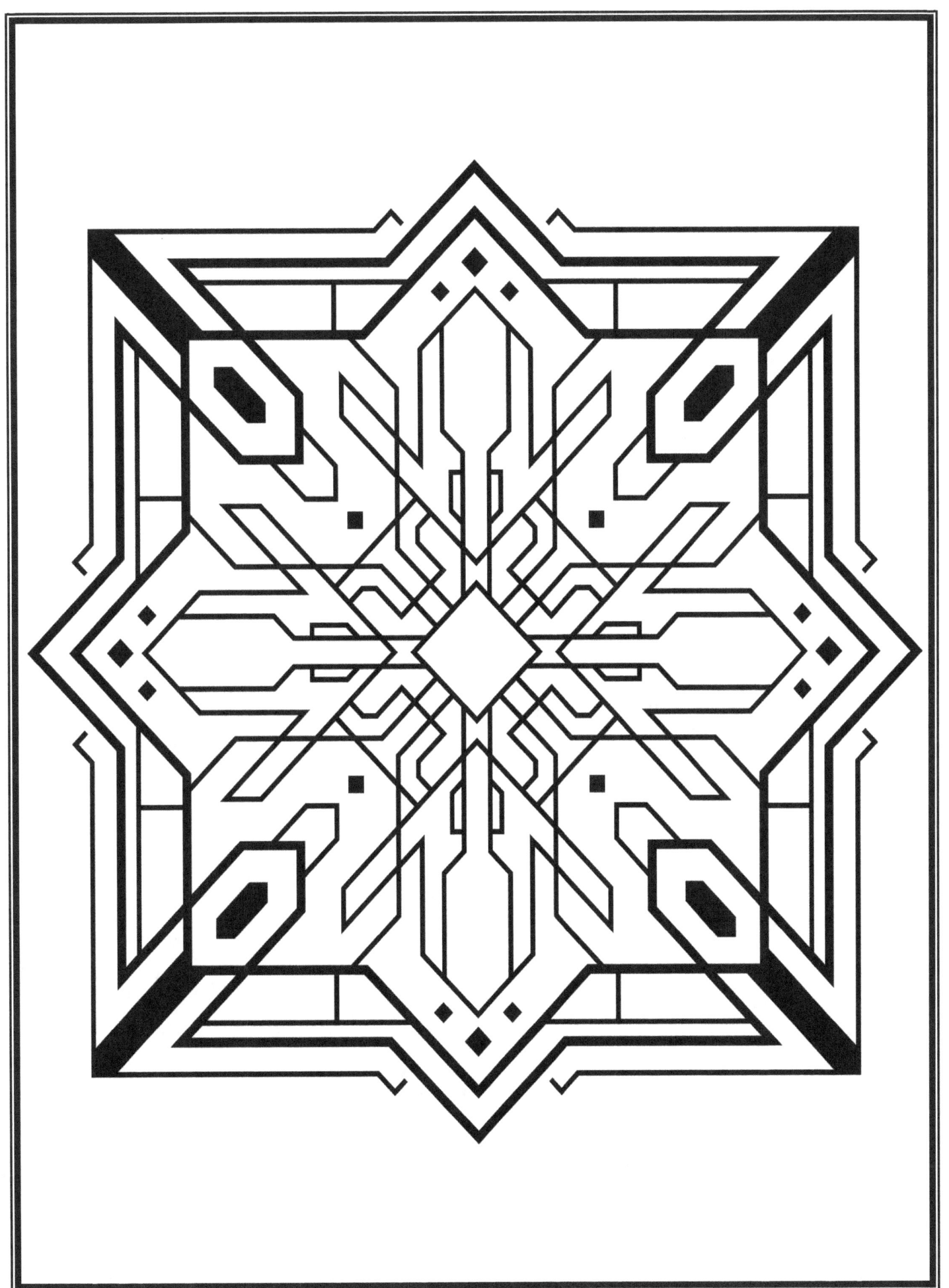

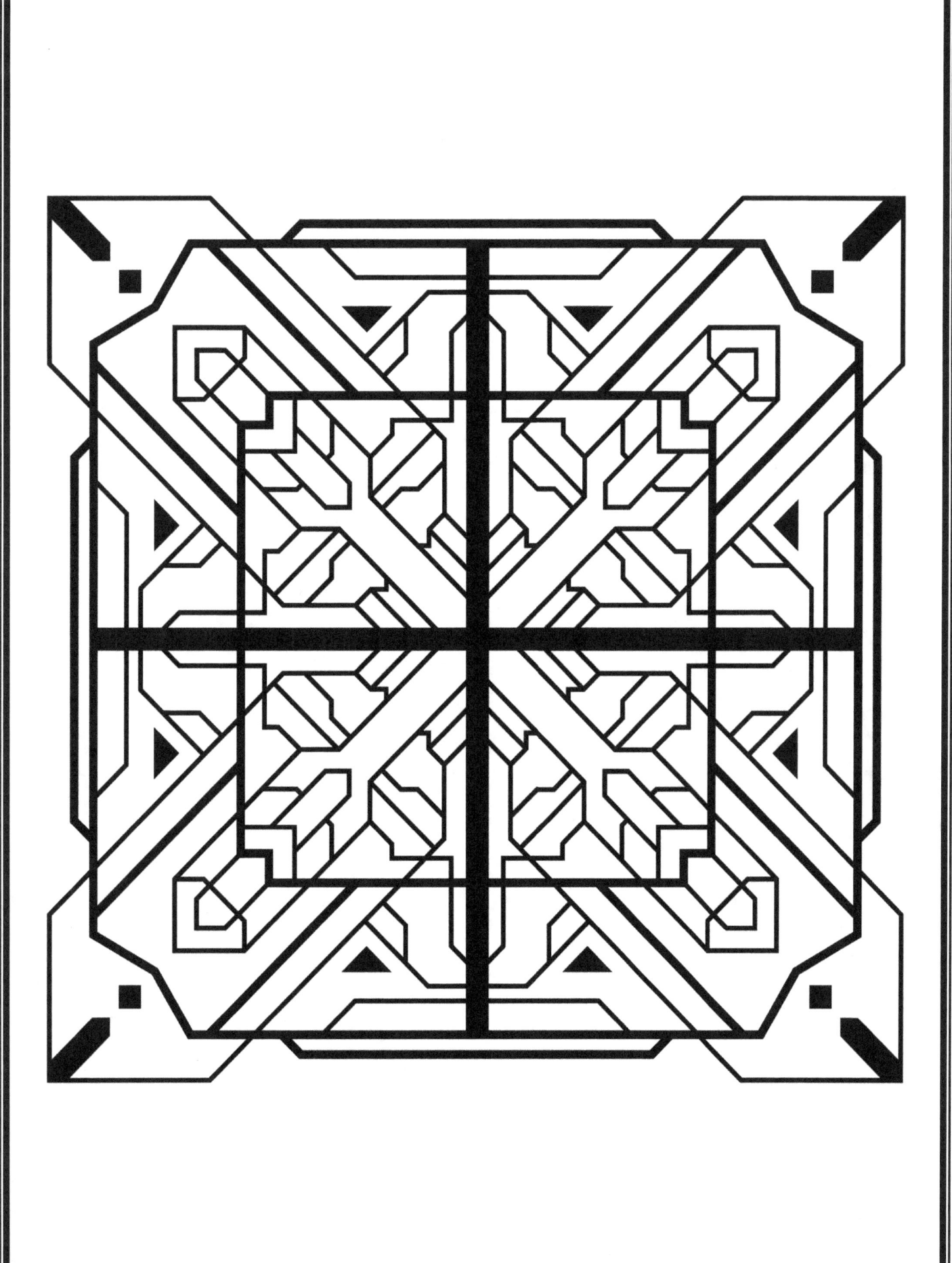

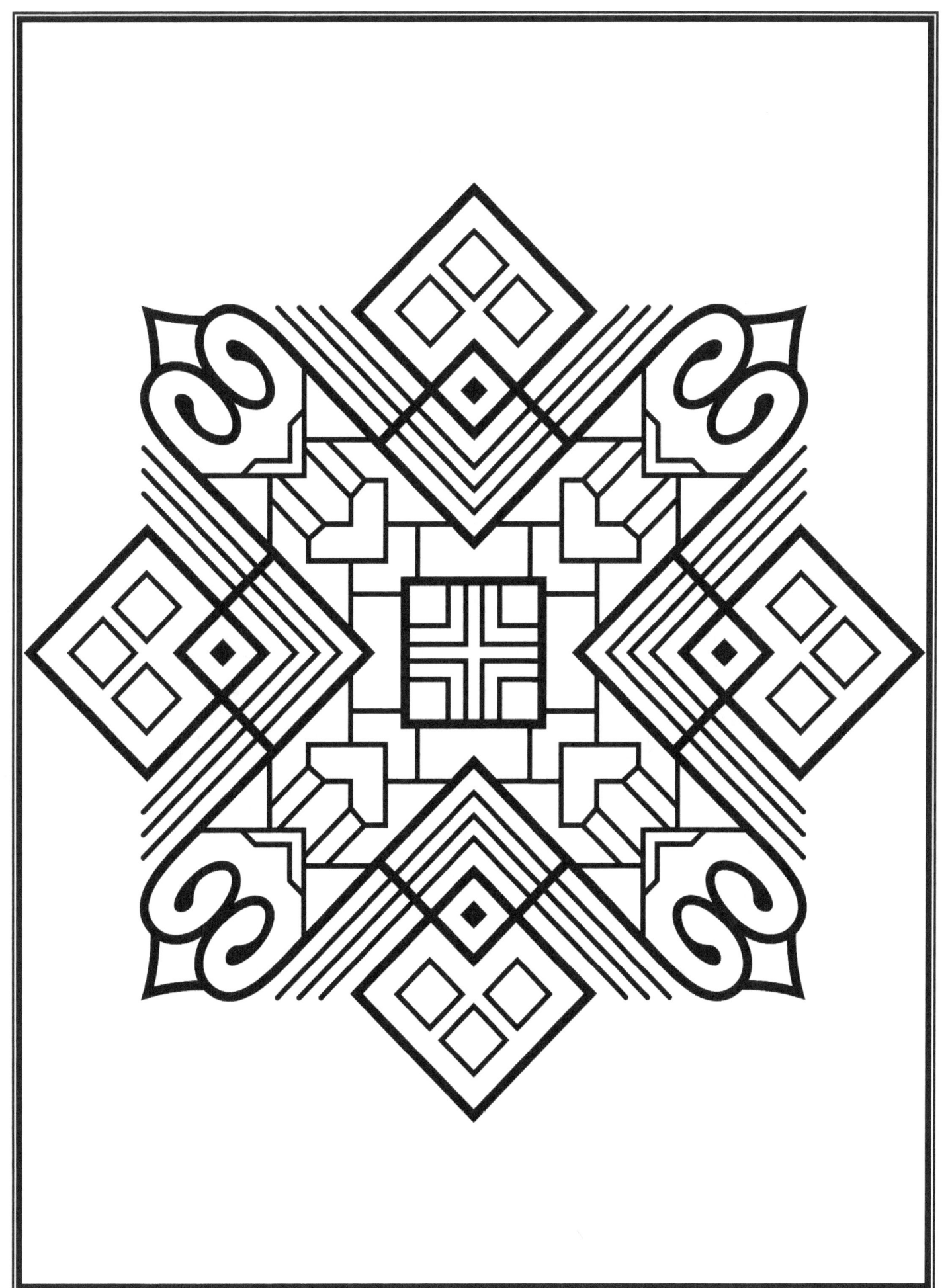

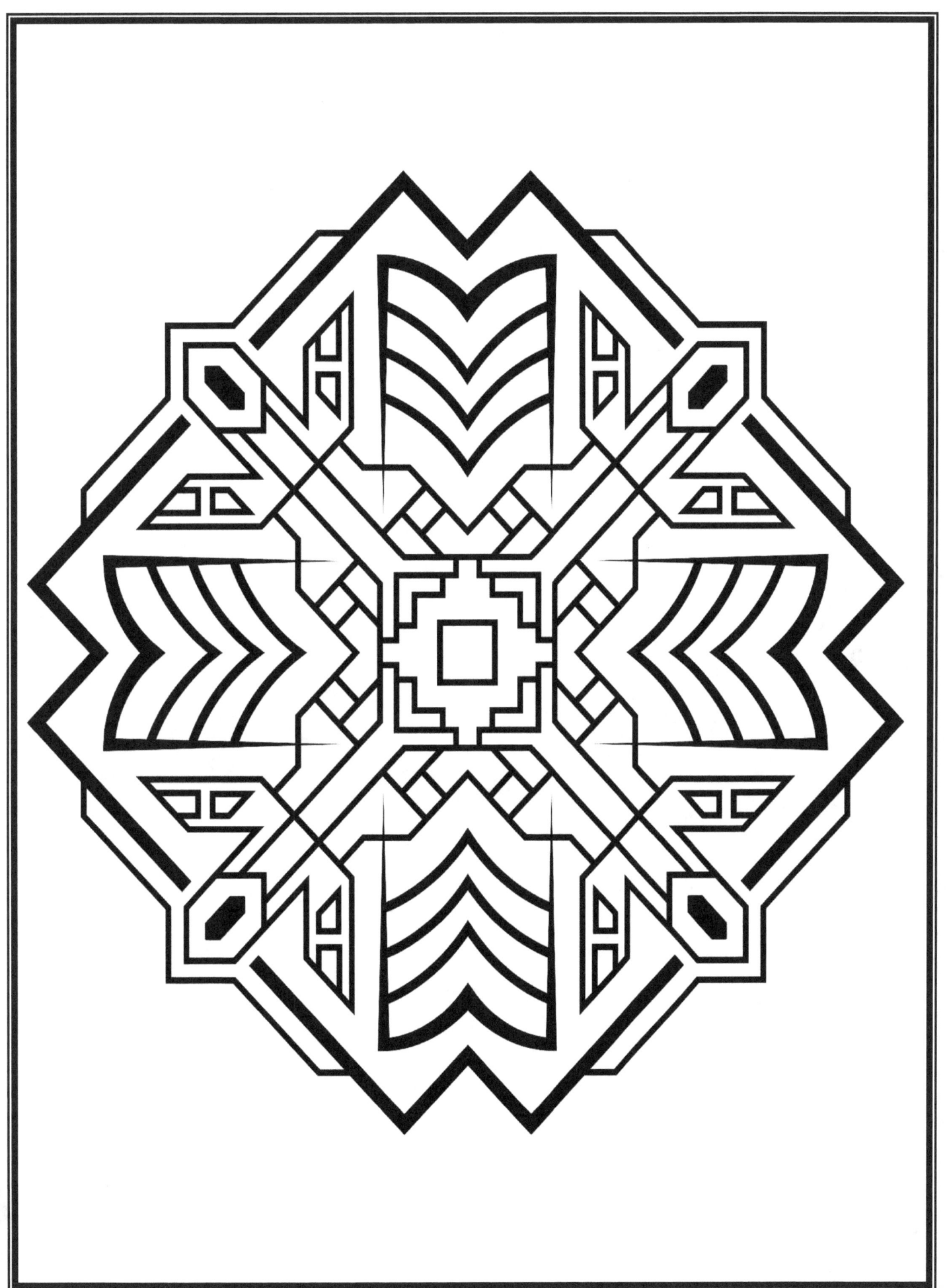

www.ingramcontent.com/pod-product-compliance
Lightning Source LLC
Chambersburg PA
CBHW080542220526
45466CB00010B/3008